KB139874

부산정신
부산기질

사회학자 김형균이 바라본

부산사람 이야기

부산정신과 기질이라는 높은 산과 깊은 바다를 얼추 훑어 본 풍경화를 그려보다

　도시도 하나의 유기체라면 몸과 정신으로 이루어졌을 것이다. 도시의 경제, 공간 등 하부구조가 몸이라면 지역민의 기질, 공동의 사고방식 등이 정신일 것이다. 도시의 몸에 대한 얘기는 가시적이고 계량화가 가능해서 연구가 축적되었다. 그러나 도시의 정신에 대한 얘기는 비가시적이고 계량화가 불가능해서 담론만 쌓이고 구체적인 연구가 일천하다.

　토대가 상부구조를 결정한다는 역사적 명제는 젊은 시절 개인적 삶에 큰 영향을 미쳤다. 그렇다 보니 사회의 토대인 하부구조에 대한 관심만큼 상부구조인 정신과 가치에 주의를 기울이지 못하였다. 그렇다고 본인이 학습한 사회학적 틀로 분석할 수 있는 하부구조에 대한 영역도

넓고 깊지 못하였음을 고백하지 않을 수 없다. 이러한 인식의 불균형 속의 불편한 마음을 넘어서게 해준 일상생활의 구체적 관심은 사회를 바라보는 새로운 눈을 뜨게 해주었다. 일상은 토대와 상부구조가 만나는 진부한 정거장이자, 먼 곳으로 탈주를 시도하는 설레는 플랫폼이기도 하다.

경제사, 사회사, 중·근대사, 민속사, 정치사 등 다양한 분야에서 부산의 역사적 발전과 흐름을 고민하는 지역학 연구자들의 노력은 존경할 만하다. 그러나 항상 아쉬운 것이 이를 오늘의 입장에서 종합적이고 입체적으로 엮어내는 시도들이 부족하다는 것이다. 아마도 그것은 각 분야의 지역사회 연구가 비어있는 부분이 많은 탓이기도 할 것이다. 또한 역사적, 실증적 고찰이 힘든 부분도 많은데 섣불리 지금의 입장에서 해석하기에는 학술적 무리가 있는 탓도 있을 것이다. 아마 각 분과학문의 영역을 아우르고 총체적 지식과 시각을 갖고 종합화하기가 쉽지 않은 게 가장 큰 이유일 듯싶다.

2003년부터 지금까지 몇 년의 공백을 빼놓고는 '부산학'을 학문과 정책의 경계지점에서 다룰 수 있었던 기회를 가졌었다. 학술적으로 깊이 다루기에는 정책실용을 지향했었고, 단편적 정책 용도로 바로 쓰기에는 인문적 도시이해를 지향하는 '봉제선'sewing line을 타고 가는 듯한 길을 걸었다. 덕분에 신복도로 르네상스, 부산형 도시재생, 피란수도 세계유산등재 등 대형 프로젝트를 수행하기에 앞서 그것의 인문적 자양분을 사전에 축적할 수 있는 소중한 계기가 되었다. 그런데 무엇보다 부산학의 영역에서 가장 갈증을 느낀 것 중의 하나가 '부산정신'의 정립이었다. 몇 년 전에 부산이 지향해야 할 지역의 미래가치를 시민들과 함께 도출해나갈 때에도 그랬었다. 뒤이어 지역원로들과 함께 부산의 정체성을 탐구하는 대규모 대담을 하는 작업을 할 때도 그 필요성은 더해만 갔다.

이러한 문제의식과 갈증을 명분으로 무모하게 지역정신의 산을 올라보기로 했다. 역시 그 산은 높았다. 만용을 부리듯이 지역기질의 바다에 뛰어들어봤다. 역시 그 바다는 깊었다. 돌아가기에는 올라온 길이 너무 아까웠다. 헤엄쳐 다시 올라가기에는 숨이 너무 가빴다. 그 높이와 깊이에 압도되는 경험을 여러 번 겪었다. 좌우를 둘러보면 또 필요한 분야는 얼마나 넓은지. 그렇다 보니 아직 미처 소화하지 못한 바닷물 짠 내음이 그대로 나기도 한다. 산등성이의 거친 숨소리가 정제되지 않고 거칠게 드러나기도 한다. 그러나 무모하지만 지역정신과 기질이라는 높은 산과 깊은 바다를 얼추 훑어본 풍경화 정도를 여기 그려보기로 한다. 정교한 세밀화를 그려 줄 초인(超人)을 기다리는 마음으로.

부산사람들이 잊고 있는 부산의 정체성 중의 하나가 상업도시의 전통이다. 부산의 의리정신은 바로 여기에서 비롯한다. 동북아 최대 자유무역지대였던 왜관, 상업도시 부산의 주역이었던 동래상인, 꼭꼭 걸어 잠근 중세폐쇄사회 속에서도 세상을 향해 열린 창이자 문화교류의 첨병이었던 조선통신사의 출발과 도착지였던 부산은 상업도시 부산의 세 가지 열쇳말이 되기에 충분하다. 중세적 상업정신은 철저한 신뢰와 의리를 바탕으로 한다. 이별과 별리가 일상화된 곳일수록 의리는 더욱 소중한 생활 덕목이 된다. 다른 한편 변방도시 부산은 왜구의 끊임없는 침탈, 중앙으로부터 배제, 중세 이후 반역향의 굴레 속에서 뿌리 깊은 저항정신이 배였다. 강박에 가까운 의리정신이 개인적 생활덕목으로 이어져 왔다면, 저항정신은 조직적 문화로 전승되어왔다. 부산사람들은 의리를 지키기 위해 저항했고, 저항을 위해서는 의리가 필요했다.

지역정신이 가치 지향적이자 기저적基底的이라면, 지역기질은 감성 지향적이며 표출적表出的이다. 지역정신이 개인의 일상생활에서 행위와 문화라는 집합적 모습으로 드러날 때 우리는 그것을 지역기질로 부를 수 있다. 의리와 저항의 지역정신이 부산사람들의 일상생활 속에서는 독특한 기질로 표출된다. 개인보다는 조직이나 공동체를 우선시하는 한 솥밥적 집합성, 거친 해양과 파도를 이기고 살아가는 바닷가형 투박성, 말보다는 눈빛과 인간적 신뢰를 중시하는 고맥락高脈絡 형 무뚝뚝함이라는 기질적 특성으로 표출된다. 집합적 기질로 인해 지난 시기 부산은 지역발전의 큰 원동력을 가졌었다. 그러나 개인주의가 극대화되는 오늘날 집합적 기질의 새로운 변화가 요구된다. 투박함은 미완성의 표현이라기보다는 거친 저항의 표현이다. 거친 바다에 대응하는 삶의 기풍이기도 하였다. 이처럼 새로운 시대를 헤쳐 나왔던 저항과 도전의 동력이 되기도 하지만 세련됨으로 정제되는 과제를 숙명적으로 가지고 있다. 무뚝뚝함은 고맥락적 도시문화의 큰 특징 중의 하나다. 고맥락의 문화는 서류와 증명이 일상화된 저맥락의 문화보다는 분명 진화된 소통의 문화다. 그러나 다양한 소통방법이 요청되는 새로운 시대적 과제에 이러한 기질의 변화양상이 주목된다.

그동안 부산에 대한 숙명적 관심을 연구적, 정책적 관심으로 체계화할 수 있도록 도와주신 모든 분들에게 감사의 말씀을 드린다. 토대가 정신을 결정한다는 기계적 명제의 삭막함에서 일상생활의 가치에 눈을 뜨게 해 주신 나의 영원한 선생님 박재환 교수님에게 특별히 감사를 드리고 싶다. 그 혜안과 실천의 모범이 지역사회에 대한 관심과 부산학의 영역으로 저를 이끌어주셨기 때문이다. 무엇보다 부산의 정체성을 고민할 때마다 항상 지역사회 어른으로서 버팀목이 되어주시는 강남주 총장님께 존경의 마음을 표하고 싶다. 또한 지난 10여 년 이상 부산학연구센터 운영을 애정 어린 관심으로 도와주신 부산학센터 자문위원 선생님들께 특별한 연대와 고마움을 느낀다.

본고를 숙독하고 날카로운 지적과 함께 대안 제시는 물론 번거로운 교정, 자료조사, 윤문 등을 도와준 오재환, 김도관, 김미영, 김관종, 강호성, 이가현, 이동학 선생에게는 큰 글빚을 지게 되었다. 특히 생소한 지역사 관련 자료를 흔쾌히 제공하고 현장조사에 기꺼이 동행하여 현장감을 익히는 데 많은 도움을 준 부산학당 이성훈 선장님께는 연구자적 동지애를 느낀다. 지역정신과 기질이 넘쳐나는 생활 현장을 항상 느끼게 하는 나의 동갑내기 모임 친구들과 토요일 아침을 깨어있게 만드는 독서모임 회원들, 그리고 수십 년간 지속된 일상연구의 동학(同學)들, 말씀과 생활의 균형을 추구하는 친한 이웃들과의 교감과 생활 속 번득이는 언어와 의리적 유대감이 큰 도움이 되었다.

필자는 본서를 통해 연구원 생활을 마감하며 이제 새로운 길을 걷게 될 것이다. 그동안 부족한 능력으로 시민의 사랑을 받는 정책연구기관의 일원으로 큰 허물없이 생활할 수 있도록 도와주신 연구원 식구들에게 고마울 따름이다. 마찬가지로 이 책은 어제오늘 뚝 떨어진 것은 아니다. 그동안 다양한 연구보고서들이 그 자양분이 되었다. 따라서 혼자서는 헤쳐나갈 수 없었을 그동안의 연구과제들을 같이 고민하고 도와주신 일일이 이름을 밝힐 수 없을 정도로 많은 지역사회의 교수, 전문가, 단체의 한 분 한 분들께도 진심으로 감사의 말씀을 드린다. 무엇보다 어려운 여건에도 본서의 출판에 선뜻 나서 준 호밀밭출판사의 장현정 대표와 편집진, 디자이너들의 노력이 아니었으면 이 책은 세상에 빛을 보지 못했을 것이다.

빛날 수 없는 인생의 길을 걸어감에도 지칠 때마다 스스로 마음의 빛을 잃지 않도록 격려해준 집안 식구들과 일상의 평화로운 마음을 유지하게 해 준 사랑하는 나의 가족에게 무한한 감사를 전한다.

예전의 부산이 지금의 부산이 아니듯이 앞으로의 부산은 지금의 부산이 아닐 것이다. 그 속에서 변하는 것은 무엇이고, 변하지 않는 것은 무엇일까? 험난한 항해의 여정과도 같은 도시의 앞날에 푯대와도 같은 지역정신과 기질에 관한 작은 문제의식 하나만으로 부끄럽지만 여기 졸고를 상재上梓한다.

2021년 원단(元旦)에

은암隱巖

김형균 손모음.

일상의 반란을 꿈꾼다면

박 재 환   부산대 사회학과 명예교수

사람들은 언제나 자기가 살고 있는
'오늘과 여기'가 가장 중요하다.

그러나 우리에게 2020년은 그 어떤 때보다 특별했다. 새해 벽두부터 코로나바이러스의 재앙이 전 세계적으로 확산되어 우리 사회의 모든 분야에도 유례없는 제약과 피해를 끼치고 있다. 기존의 사회적 양극화 구조는 더욱 심화되고 민생은 갈수록 피폐해졌다. 이 와중에 최근 부산이 낳은 가황 나훈아는 노래 '테스형' 속에서 '세상이 왜 이래'라고 물었다. 그 후 이 한마디는 온 나라를 휩쓸었고, 무기력한 국회에서도 화제가 되었다.

김형균 박사의 『부산정신, 부산기질』을 읽으면서 '부산이 왜 이래'라

는 말이 왜 갑자기 떠올랐을까. 그것은 어쩌면 '부산의 추락'에 대한 누적된 내 안타까움의 표출이었는지 모른다.

흔히들 부산이 6·25전쟁에서 한국을 기사회생시킨 곳이고 한국산업화의 기축지였으며 또한 민주화운동의 선봉지였다고 말한다. 그러나 언제부턴가 부산은 전국 7대 광역시 중의 하나로 전락하여 더 이상 제2의 도시라 부르기 힘들게 되었다. 심지어 'Dynamic Busan'이라는 부산시의 로고마저도 이러한 현실의 역설적 상징어처럼 여겨진다.

이러한 맥락에서 이 책의 출간은 시사하는 바가 크다.

김 박사는 20여 년 넘게 부산연구원에서 부산학연구센터장으로 재직하면서 부산지역의 특성을 다각도에서 탐구해왔다. 그의 사회학적 소양은 그동안 주로 지역사 연구나 인문학적 접근에 집중되어왔던 '부산연구'를 때로는 생활의 공간적 구성에 대한 연구로 확장하기도 하고, 주류사회학이 간과해 온 일상생활에 대한 천착 없이는 어떠한 사회정책도 탁상공론에 불과하다는 인식으로 '도시재생프로젝트'를 설계하기도 했다. 또한 부산이 지역균형발전이라는 미명하에 '하나의 지방도시'로 추락된 현재, 이 도시의 재도약을 위한 새로운 '부산의 미래가치'를 탐색하는 데 앞장서기도 했다.

이렇게 볼 때 '부산사람들의 특성'에 대한 추적은 너무나 당연하다.

이 책은 그동안의 수많은 연구들을 바탕으로 부산사람들의 정신과 기질을 '의리정신'과 '저항정신'으로 압축해 파악했다. 그에 의하면 중세부터 시작된 왜관을 중심으로 확산된 부산의 상인성, 도시의 지정학적 변방성과 침탈의 역사가 유기적으로 작동하여 부산 특유의 생활원리인 의리정신과 저항정신을 배태하고 표출시켜 왔다는 것이다.

물론 우리는 이 두 가지 키워드가 부산인의 문화적 특성을 모두 설명해 낼 수 있다고 생각하지 않는다. 부산인의 '개방성', '직정성', '화통성', '휘몰이성', '투박성' 등의 특징도 다양한 접근 방법이나 외부자의 일상적 통찰로도 쉽게 확인할 수 있기 때문이다.

그럼에도 김 박사는 부산의 정신과 기질에 대한 파악이 단순한 인상적 수준을 넘어 보다 광범한 사료와 문헌 그리고 증언들에 대한 치밀하고 입체적인 분석에 의해 도출되어야 한다고 강조한다. 그리고 그 노력은 여기에서 처음으로 구체화되었다고 볼 수 있다. 이것만으로도 이 책은 더 높이 평가할만하다.

더욱이 침체된 부산의 혁신과 재도약을 위해서는 이른바 '4류 정치, 3류 관료, 2류 기업'에 매달리기보다 '1류 주민'의 잠재력을 중심으로 새로운 '반란'이 일어나야 한다. 여기에 '의리'와 '저항'의 『부산정신, 부산기질』이 갖는 더 깊은 실천적 함의를 찾을 수 있다.

"이 책은 그동안의 수많은 연구들을 바탕으로
부산사람들의 정신과 기질을 '의리정신'과
'저항정신'으로 압축해 파악했다."

역동적인 부산사람들의
비밀을 풀다

강남주   前 부경대 총장 · 시인

결코 길을 두고 뫼로 간 일이 없는 사람들의
발자국이 부산현대사의 문신이다.

　김형균 박사는 부산의 문화적 층위와 그 층간의 의미를 오랜 세월 연
구해온 '부산학'의 권위자다. 그 길을 걸으면서 느꼈던 여러 가지 생각들
을 정리해서 이번에 한 권의 책으로 펴낸다. 너무 무겁지 않고 너무 높고
깊지 않게 부산이라는 시공을, 그리고 그 질량을 관측할 수 있는 좋은 기
회가 될 것으로 보인다.
　눈을 밖으로 돌릴 때를 출발점으로 해서 외세의 침략과 해방, 전쟁의
비극적 체험과 압축된 경제성장, 과잉이라고 해도 좋을 정치적 욕구에 대
응하는 간단명료하고 거짓 없는 시민정신, 세계의 선망을 사고 있는 우리

부신의 문화력은 당대를 살아가는 우리의 자랑이자 부산의 특징으로 요약될 수도 있을 것 같다. 역사의 길이와 문화의 두께 속에 깃들어 있는 굴곡이 심했던 이와 같은 변화의 소용돌이 속에서 부산이 건강할 수 있었던 원천적 힘은 어디에서 분출된 것일까?

부산 사람의 기질은 한마디로 요약하자면 정의롭다. 불의와 마주 서서 올바른 길을 뚫어 왔다. 결코 길을 두고 뫼로 간 일이 없는 사람들의 발자국이 부산현대사의 문신이다. 그 밑바탕에는 층층이 쌓인 사람 위주의 인문주의가 단단한 받침돌이 되어 주었다. 훼절하면서 어디서나 간사스럽게 처신하지 않았던 사람들, 그들이 부산의 주인이었다.

침묵 속에서 묵묵히 천년을 건너온 복천동 일대의 고분군을 보라. 산야를 달려 부산을 가꾸어 놓고도 침묵하는 그 조용함 속의 의젓함을 보라. 바깥세상에 눈을 돌렸던 조상들의 넓은 시각은 지금도 우리의 시선을 밖으로 돌릴 수 있는 가늠자가 되고 있지 않은가.

부산사람들은 가슴이 넉넉하다, 이웃과 어려움을 나누며 전쟁을 견뎌내는 인내력도 강건하다. 그 무딘 듯 넉넉함은 결코 배타적이 아니다. 가장 개방적이고, 선진적 문화를 우선적으로 받아들였다. 그리고 다양한 문화의 국제교류도 선진적이었다. 그런 기질이 오늘의 부산을 세계 속의 기린아로 달리게 했다.

이런 사람들의 정신적 뿌리를 더듬고, 말없이 우리가 가야 할 정신적 방향을 제시해온 김형균 박사의 노고에 부산에 사는 한 사람으로서 경의를 표한다. 그리고 그의 역저 『부산정신, 부산기질』의 간행에 축하의 박수를 드린다.

차례

분야별 접근의 한계를 극복하고자 우리는 사회학적 관점에서 출발하되 역사맥락적 접근의 장점을 최대한 활용하고자 한다. 이러한 방법은 합리적 특성도 중요하지만 비합리적 정서, 감정, 기질, 문화적 특성도 주목하게 된다. 또한 구조적 체계보다는 역사적 흐름, 상징적 사건, 대중의 일상성에 더 관심을 두게 된다

1

부산정신과 기질,
어떻게 이해할 것인가

  부산사람들은 누구인가? 부산정신은 무엇인가? 부산사람 기질의
사회적 특성은 무엇인가? 많은 사람들이 어떤 지역 사람들의 행태나 그
도시의 문화적 특질 혹은 고유한 정책의 기원을 평가할 때 항상 지역정
신 혹은 지역기질과 결부하여 논하는 것이 일반적이다. 예를 들어 '부산
에서 운전하기 힘든 것은 부산사람들이 바닷가 특유의 거친 기질에다
가 급한 성격으로 인한 운전습관 때문'이라고 한다. 혹은 '광주 출신 유
명 예술인이 많은 것은 전라도 특유의 전통적인 예향 기질 때문'이라고
도 한다. 또는 '왕조시대 왕을 배출했던 풍패지향豊沛之鄕 전주全州정신의
핵심은 꽃심으로 상징되는 중심성을 지향한다'고도 얘기한다. 그러나

이러한 일상적 담론 수준의 얘기를 넘어서 학술적 차원에서는 상황이 다르다. 글로벌 시대에 특정 지역의 정신을 논하는 것이 과연 의미가 있는 것인가? 인구가 정착하기보다는 끊임없이 유동하는 시대에 특정 지역에 고착화된 기질을 논한다는 것이 가능한 것인가? 과연 지역정신과 기질을 얼마나 과학적, 논리적으로 분석할 수 있는가 하는 의문들이다.

이처럼 지역정신과 기질이라는 것을 학문적으로 다룰 수 있는 주제냐 하는 문제와는 별도로 지역기질에 관한 논의가 위축된 정치 사회사적 맥락이 있다. 그 중요한 이유 중의 하나가 1970년대 군부 독재 시절에 정치적 의도로 퍼뜨렸지만 아직도 사회 곳곳에 그 잔흔이 남아있는 지역감정론이다. 지역기질과 지역감정론은 엄연히 다른 문제인식의 틀을 가지고 있다. 그럼에도 불구하고 지역기질에 관한 논의가 지역감정론의 비합리적이고 정치선동적인 블랙홀로 빨려들지 않을까 하는 학계나 지식인 사회의 자기검열도 논의의 위축에 한 몫을 하였다고 본다.

지역기질에 관한 논의가 지역감정의 문제로 변질되어 문화적 마녀 사냥의 대표적인 사례 중의 하나가 '특질고特質考' 사건이다. 40년 전 문기文氣 넘치는 오영수 작가가 전국 8도민의 기질의 장단점을 적은 '특질고'라는 제목의 간단한 잡지기고문(1979년 1월, 문학사상)이 유신독재 정권이 극단으로 치닫던 1970년대 말 대표적인 필화사건으로 부풀려지고 확대되었다. 향토색 짙은 작품을 써오던 오작가는 안타깝게도 그 일

이후 몇 달 지나지 않아 세상을 등지게 된다.[1] 그 이후 어떤 한 지역 사람들의 기질에 대한 평가는 거의 금기어처럼 되어 왔다. 특히 오작가의 고향(경남 울주군 언양읍)과 대표작인 '갯마을'의 무대이자 작품 활동의 근거지(부산시 기장군 일광면 이천리)가 부산지역이라서 그런지 지난 수십 년간 지역기질에 대한 활발한 논의가 학술적 영역 혹은 대중적 영역을 막론하고 거의 이루어지지 않고 있는 것이 작금의 현실이다.

어느 정권을 막론하고 '지역이 살아야 나라가 산다'라는 거창한 구호에도 불구하고 지역은 항상 대상화對象化되고, 변방화邊方化 되어 온 것이 사실이다. 점점 더 심화되어가는 수도권 일극집중에 따라 지역의 형해화形骸化와 수도권 모방화模倣化 현상이 동시에 진행되고 있다. 특히 최근 쇠퇴지역의 고유성을 살리기 위한 도시재생 사업의 경우도 각 지역의 사회경제적 특징과 문화적 특성을 복원하고 발전시키기보다는, 전국적 표준화의 과정으로 흘러가고 있는 역설적인 상황도 그 예 중의 하나이다. 우리는 지역 특화의 도시재생 정책이든 사회문화 정책이 나오기 위해서는 지역기질과 지역정신에 대한 세심한 천착이 필요하다는 문제의식을 갖고 있다. 이러한 맥락에서 우리는 역사의 수레바퀴 속에서 영광과 상처를 안고 있는 도시의 물리적

---

1) 그의 장남이자 1980년대 민중미술의 새로운 장을 연 것으로 평가되는 오윤 화백, 왕성한 창작 활동에도 불구하고 그 사건 7년 뒤인 1986년 40세를 일기로 작고하는 가족사의 비극(?)이 이어졌다.

공간에 대한 관심을 버릴 수 없다. 그러나 그 공간만큼이나 많은 역사적 생채기와 지문地紋을 품고 있는 지역정신과 기질에 대한 구명究明 작업의 중요성을 강조하지 않을 수 없다.

1. 지역정신과 기질에 관한 사회적 이해

지역정신과 기질은 특정 지역사회의 구성원들이 역사적 경험을 바탕으로 명시적 내지는 묵시적으로 공유하고 있는 이성적이면서도 감성적인 사고, 행위, 관습의 표출방식이다. 따라서 이는 추상적이면서도 구체적 의미를 담고 있는 매우 느슨한 개념이다. 그러나 다른 한편으로는 매우 강력한 개념이다. 개개인이 피부로 느끼지는 못하지만 하나의 '사회적 실재'로서 강력한 사회성을 지니기 때문이다. 그러므로 한 지역사회나 지역민의 정신과 기질을 개인 심리적 차원으로 접근하기보다는, 사회적 역사적 차원으로 접근할 때 그 실체에 온전히 접근할 수 있는 것이다.

지역정신spirit은 해당 지역사회의 구성원들이 다른 지역민들과 구별되는 독특한 사고, 심리, 관습의 총체를 뜻한다. 이에 비해 지역기질ethos은 그러한 정신이 발현되는 행위이자 행동을 뜻한다. 이처럼 지역정신과 지역기질은 상호관련성이 높으면서 구별된다. 첫째,

지역정신이 공동체 안에서 학습으로 전승된다면, 기질은 개인의 심리적 특성과 결합하여 생래적生來的으로 타고난다. 둘째, 지역정신이 공동체의 행동양식을 주조하는 그릇이라고 한다면, 지역기질은 그 안에 담겨서 표출되는 내용물이라고 할 수 있다.

지역정신
(Sprit)
지역사회 구성원들의
독특한 사고,심리,관습의 총체

지역기질
(Ethos)
지역정신이 표출되는
기풍,행위 행동의 총체

지역정신과 지역기질의 관계

셋째, 지역정신이 지역공동체 구성원들의 행위의 발원지라고 한다면, 기질은 그 종착지라고 할 수 있다. 넷째, 지역정신이 공동체 단위의 집합적 속성이라면, 기질은 개인 단위의 개체적 속성을 띤다. 다섯째, 지역정신이 역사적·누적적으로 축적된다면, 기질은 동시대 안에서 현재적으로 진행된다. 마지막으로, 지역정신이 이성에 기반하여 가치지향적이라면, 기질은 감성에 기반하여 행위지향적이다.

지역기질은 외적인 표현상태를 중시하며, 지역정신은 그 기질이 발현가능하게끔 하는 집단적 심리상태에 주목한다. 따라서 이들은 지역민들의 행동양식을 규정하는 내·외적 측면으로 간주하여 이해하여도 무방하다고 본다. 이를 분석하기 위해서는 기존의 역사적 접근의 성과들을 바탕으로 하되, 지역정신과 기질이라는 사회적 실재實在를 전제로 사회 전반에 관한 총체적 접근을 지향하는 것이 필요하다. 따라서 우리는 이러한 접근의 유용한 방법으로 사회학적 패러다임과 이론적 자원을 활용하여 부산인의 정신과 기질에 관한 사회적 특성을 살펴보고자 한다.

사람마다 타고난 성품과 기질을 달리하듯이, 사회도 집단의 취향이나 환경에 따라 그 정신과 기질을 달리한다. 이 개성적 성품과 기질이 주위 환경에 맞아들 때 개체의 생존적 지위를 확보하고, 집단이나 사회는 시대적 여건에 맞아들 때 발전을 꾀할 수 있다.[2] 이러한 문제의식의 연장 선상에서 지난 10여 년간 '창조도시론'을 주창하여 전 세계적으로 창조도시와 도시재생 논의에 큰 영향을 미친 찰스 랜드리C. Landry는 도시민의 심리적 콘텐츠는 없고 그냥 단단한 조개껍질과 같은 도시의 표피적인 생활과 조직만을 살피는 것이 얼마나 부주의한 것인가에 대해 한탄하고 있다. 그가 보는 도시는 심리적 효과들과 함께 정서적 경험의

---

2) 최해군,『부산사 탐구』, 지평, 2000, 309쪽.

산물로서 '도시 심리urban psyche' 혹은 '복합적 인성'의 종합적인 결과물이기 때문이다.[3]

전통적으로 사회학계에서는 이념과 사상 혹은 신념을 공유하는 집단의 공통적 기질에 주목하는 논의가 발달되어 왔다. 사회학의 고전적 접근으로는 막스 베버M. Weber의 논의를 살펴볼 필요가 있다. 그가 남긴 불후의 명저『프로테스탄트 윤리와 자본주의 정신』[4]은 정신과 가치관이 어떻게 자본주의 정신을 잉태하게 되었는가를 고찰하였다. 부의 축적을 죄악시한 기존의 관념에서 벗어나 신의 소명으로 받아들인 칼비니즘이 어떻게 자본주의 경제생활체계를 만들게 되었는가를 분석하고 있다. 문명사적으로도 큰 변화의 스케일이지만 이념이 어떻게 제도를 만드는가에 대한 기념비적 연구라 하지 아니할 수 없다. 한 지역사회 사람들의 생활태도, 그리고 그에 따른 습관과 기질들을 배태하게 만든 이념과 가치에 주목하여 살펴볼 수 있는 이론적 자원이 바로 베버에서 나온다고 할 수 있다.

이념과 가치 중심의 초창기 논의는 '사회적 기질'에 관한 문제의식으로 발전되었다. '전체는 부분의 합이 아니다'는 표현이 있다. 사회학의 원조라고 할 수 있는 뒤르켐E.Durkheim의 기본 문제의식이기도 하다.[5]

---

3) C. Landry & C. Murray, *Psychology & The City*, COMEDIA:UK, 2017, pp.5-6.

4) 막스베버, 박문재 역, 『프로테스탄트 윤리와 자본주의 정신』, 현대지성, 2018.

5) 김덕영, 『에밀 뒤르케임: 사회실재론』, 길, 2019.

이는 지역사회의 기질과 정신을 논함에 있어서 개인의 사사로운 활동과 태도와 기질을 합쳐 놓는다고 해서 지역 전체의 기질이 나오는 것은 아니라는 중요한 문제의식을 제공한다. 집단적 속성과 개인적 속성은 항상 아슬아슬한 긴장 속에서 다양한 스케일로 표출되는 것이기 때문이다. 따라서 지역기질은 개인적 단위이면서 집단적 단위의 문제이며, 이성적 영역이면서 동시에 감성적 영역이기도 하다. 또한 현재의 차원이기도 하고 역사적 차원이기도 하다.

특히 시간과 기억의 관점에서 보면 역사적 '실재'와 '기억된' 역사는 갈등적이다. '개인화된 기억'과 '집단화된 기억' 간에도 끊임없는 긴장이 유지된다. 만약 어떤 개인의 독특한 자기정체성이 다른 사람과 구별되는 그 사람 특유의 경험과 그것의 흔적인 기억 사이의 부단한 교섭에서 형성된다는 가정을 해보자. 그러면 마땅히 한 지역사회의 정체성 또한 그와 마찬가지로 그 지역사회의 독특한 역사적 경험들, 그리고 이에 대한 사회구성원들의 집단적 기억에서 배태된다고 할 수 있는 것이다.[6] 이러한 맥락에서 우리는 부산의 지역정신과 기질은 부산 사람들이 경험한 역사적 사건과 그에 대한 지역민들의 집단기억에 의해 유형, 무형으로 형성되어 왔다는 문제의식을 갖게 된다. 곧 개인사와 역사적 맥락을 배경으로 하는 지역민들의 기질에 대한 이해는 입체적 접근이 요구

---

6) 대안사회를 위한 일상생활 연구소, 『사건과 기록으로 본 부산의 어제와 오늘』, 부산발전연구원, 2012, 12쪽.

된다는 것이다.[7]

부산의 자기정체성에 대한 탐색은 기존 문헌에 대한 학구적 연구나 잊혀진 지난 얘기들을 발굴하고 재구성하는 것으로 이뤄지는 것은 아니다. 또한 물화되고 고착된 역사를 불러온다고 자동적으로 도출되는 것도 아니다. 그것은 오히려 일찍이 기억의 사회적 틀을 선구적으로 성찰했던 모리스 알박스M.Halbwachs가 공식적인 '역사'와 굳이 구별하려 했던 이른바 '집단기억'에서 출발한다고 해도 지나친 말이 아니다.[8] 이러한 문제의식은 근대적 이성, 공식 역사, 드러난 사실 확인 중심으로 이루어진 지역사회와 지역사회사 접근의 한계를 극복하려는 시도의 중요한 자원이 된다. 따라서 이는 탈근대적 이성, 서민생활사, 드러나지 않은 기억에 주목하면서 지역사와 로컬리티의 재구성을 위한 노력의 중요한 이론적 자원을 제공한다고 볼 수 있다.

집합적 감수성과 기억의 공유방식이 기질을 만드는 것을 강조하는 사회학적 논의 역시 주목할 만하다. 장소와 공간, 그리고 공동체 내에서 공유된 생활방식을 중시하는 일상생활론 중 대표적인 것이 신부족주의적 논의이다. 미셸 마페졸리M.Maffesoli 등에 의해 발전된 이 이론들은 집합적 감수성을 중심으로 생활방식과 지역기질을

---

7) 개인사(個人史)조차 각 구성원을 포괄하는 전체 사회의 과거가 현재의 삶에 끊임없이 작동하는 '역사적 사회성'에 의해 구성된다. 이는 각 개인은 물론 그 개인이 속한 집단 정체성이 자기들 고유의 역사적 체험 속에서 형성된다는 것을 의미한다. 위의 책, 10쪽.

8) 위의 책, 11-12쪽.

논의하고 있다.[9] 특히 이들 논의에서는 이성적logos 표출보다는 감성적pathos적 공유를 강조하고 있다. 일상생활 속에서 체득된 감수성이 동일한 공간경험 속에서 획일적이고 동질적이지는 않지만, 공동성collectivity을 지닌 일정한 생활습관과 사람들의 기질을 만든다는 것이다. 여기에서 공동성은 구성원들 간의 소통을 필요로 한다. 이러한 소통을 통해 일정한 맥락의 공유가 일어나고, 그 결과로 다른 지역, 집단과는 구별되는 일정한 미학적 양식과 기질과 특성이 형성된다는 것이다.[10]

여기에서 중요한 것은 집합적 감정이 일정한 스타일로 전환되기 위해서는 바로 일상생활에서 모든 개개인의 개성적 욕구가 발현될 수 있어야 하며 공동체의 안정성 또한 유지되어야 한다는 것이다. 그런 조건하에서 "생활방식이 어떤 시대의 사회 전체에 형식과 형상을 부여"[11]할 수 있는 것이다. 따라서 한 지역의 시민들이 무의식중에 공유하는 집단적 감수성이 일상생활을 통한 소통의 과정을 통해 일정한 생활방식이 생성되고 발전된다는 것이다. 그러나 이러한 생활방식은 개인적인 것이 아니다. 그렇다고 대중적 보편성을 지니는 것

---

9) 미셸 마페졸리, 박정호　신지은 역, 『부족의 시대: 포스트모던 사회에서 개인주의의 쇠퇴』, 문학동네, 2017.
10) 미셸 마페졸리, 박재환　이상훈 역, 『현대를 생각한다: 이미지와 스타일의 시대』, 문예출판사, 1997, 105~124쪽.
11) 위의 책, 102쪽.

도 아니다. 개인주의를 넘어서는 사회적 속성으로서 분위기와 감정, 정서의 흐름 속에서 나타나는 사회적 속성으로서 한시성, 변덕성, 지역성, 비조직성, 일상적 비구조화의 속성을 지닌 일종의 별들의 무리와 같은 성운星雲과 같은 형상을 띠고 있는 것으로 본다.[12] 이러한 '유동성, 일회성, 분산성의 특징을 공유하고 있는 디오니소스적 성격'을 공유하고 있는 감정공동체는 어떤 장소에 대한 소속감, 어떤 공동체에 대한 소속감이 강조되면서 한 지역사회의 감정적 공유를 기반으로 하는 일정한 일상생활의 구조가 형성된다는 것이다. 따라서 개인적 경험을 넘어선 집합적 경험을 공유하면서 일정한 라이프 스타일을 형성하는 감정공동체를 이들은 '신부족주의'[13]라고 칭한다.[14] 새롭고 차별화되는 생활방식을 공유하는 집단은 불특정 대중들이 일반적으로 널리 통용되는 것과는 구별된다. 이들의 다양한 집단적 경험, 행동의 모태가 되는 집단 무의식이 그 소집단들을 통해서 강화된다.[15]

이러한 논의들은 장소감의 공유, 일상과 비일상의 공존에 대한 문제의식과 기호와 상징을 통한 장소의 재생산 논의에서 이론적 양

---

12) 미셸 마페졸리, 박정호 신지은 역, 앞의 책, 10-11쪽.
13) 이러한 신부족주의적 인식은 '서구를 특징 지웠던 실체론적 도식 즉 존재, 신, 국가, 제도, 개인과 같은 전체들에 대항하며', 전통적인 '이성의 보편주의가 지역적이고 특수하고 상황에 맞는 이성들과 질서들에 자리를 양보'하는 중요한 의미를 담고 있다. 위의 책, 25-26쪽.
14) 위의 책, 149쪽.
15) 위의 책, 184-186쪽.

분을 공급받고 있다. 이들은 공간을 '사회적 관계가 유지되고 연장되는 수동적인 속성이 있는가 하면, 공간은 지식과 기술을 사용하여 하나의 체계를 형성하여 헤게모니가 행사되는 능동성의 양면을 지니고 있는 것'[16]으로 본다. 한 사회의 생산구조 유지를 위해서는 기호와 상징의 재생산구조를 갖추지 않고서는 불가능한데, 이러한 재생산구조의 틀 속에서 일정한 생활양식과 이를 지탱시키는 공통의 기질적 구조가 산출된다는 것이다. 비록 기호의 지배언어가 상징의 위계구조 속에서 그 구성원들의 수동적이고 틀에 갇힌 기질적 특성을 상정하고 있는 한계는 있다. 그러나 그 안에서 기호와 상징의 담론을 거부하는 내재적 동력을 발견하는 양가적 분석들에 입체적으로 접근하고 있다는 데에서 정신과 기질이라는 것이 단순히 수동적 측면만 있는 것이 아니다. 정신과 기질은 시스템의 효과 이상으로 그 사회를 변화시키는 동인으로 작동할 수 있다.

지역기질과 정신을 살피는 데 있어서 다양한 문화적 접근 논의가 있다. 그중에서 지역정신을 이해하는데 가장 유용한 이론적 자원으로 혼종문화론을 들 수 있다. 혼종문화는 중심문화에 수용되거나 동화되어가는 것이 아니라, 중심부 문화와 적극적 대면을 통해 타협해 가면서 새로운 문화를 주체적이며 선별적으로 받아들이고 생산해

---

16) 앙리 르페브르, 양영란 역, 『공간의 생산』, 2011, 51쪽.

가는 문화이다.[17] 이러한 혼종문화적 접근은 중심문화화나 문화패권론이 가정하고 있는 문화동화를 일차적으로 극복하고자 한다. 이는 쌍방향적 관점에서 문화횡단과 혼종의 메커니즘을 통해 주체적인 문화번역과 문화생산적 역량에 주목하는 것이다. 나아가 문화혼종을 통해 단순히 섞이는 과정뿐만 아니라, 어떻게 혼종을 통한 새로운 문화가 발생하는가에도 주목한다. 지방이나 변방 소위 로컬리티가 강조되는 지역의 문화적 특성과 기질을 바라볼 때는 특히 문화중심성과 문화지배성에 입각한 문화확산, 문화동화적 관점을 극복하는 것이 중요하다. 따라서 문화혼종론은 지역의 독특한 기질의 생성과 융합, 정착의 과정을 살펴보는데 유용한 이론이다.

지역기질 혹은 지역민의 정신과 심리, 정서적 특성을 중심으로 한 지역사회를 바라보는 논의는 구조적 체계를 중심으로 지역사회를 바라보는 논의와는 대비된다. 이러한 접근들은 합리적 특성도 중요하지만 비합리적 정서, 감정, 기질, 문화적 특성도 주목하게 된다. 또한 구조적 체계보다는 역사적 흐름, 상징적 사건, 대중의 일상성에 더 관심을 두게 된다는 특징을 갖고 있다. 본고에서도 이러한 방법론적 틀을 염두에 두고 부산사람들의 지역정신과 기질에 관한 시론적 접근을 하고자 한다.

---

17) 김용규, 『혼종문화론: 지구화 시대의 문화연구와 문화적 상상력』, 소명출판, 2013.

수백 명이 옹기종기 모여 살던 부산포에서 340만 메트로폴리탄으로 확대 성장한 부산이라는 도시의 진정한 역사, 현재, 미래적 정체성의 본질을 이해하기 위해서는 도시의 물리적 성장과 팽창뿐만 아니라 '도시의 영혼'soul of city을 진중하게 이해해야 한다. 도시의 본질을 이해하기 위해서는 도시가 독자적인 기운과 개성을 갖고 있다는 것을 느끼는 것이 그 해답이다. 이러한 정서적 경험의 총체들은 도시의 영혼을 구성하게 된다. 도시의 영혼에 대한 이해는 그동안 장소, 역사, 개인에 대한 분절적 이해를 넘어서 도시와 개인의 발전에 대한 상호관계성의 새로운 틀을 제공하게 된다.[18] 그런 의미에서 부산정신과 기질에 관한 접근은 부산의 영혼에 대한 관심이기도 하다.

2. 부산정신과 기질에 관한 다양한 접근들

그동안 부산정신과 부산인의 기질에 관한 다양한 연구들에서 부산의 정체성과 기질에 대한 규명이 이루어졌다. 크게 보면 몇 가지 갈래로 나누어 볼 수 있다. 먼저 고통의 체험 위에서 자란 도시(김석희)[19], 저항정신과 악착같은 기질(강대민)[20], 외적으로 거칠고 안으로

18) C. Landry & C. Murray, 앞의 책, 2017, pp. 57-62.
19) 김석희, 「고통의 체험 위에서 자란 도시」, 『뿌리깊은 나무, 부산 편』, 1984, 34쪽.
20) 강대민, 「부산역사의 미래가치를 말하다」, 『부산의 미래가치』, 부산발전연구원, 2013, 34-67쪽.

는 신선스러운 기질(김무조)[21], 해양을 바탕으로 한 창조성의 성신교린(誠信交隣)정신(강남주)[22]등 험난한 외적 조건에 대응하는 과정에서 형성된 부산의 특징을 바라보는 시각이 있다. 그러한 대응과정에서 형성된 휘몰이 기질(정영도), 떠돌이 장돌뱅이 기질(김열규), 잡연성 속의 다양성(김대상)[23] 등에 대한 이해들도 그러한 시각과 맥을 같이 한다. 그런 반면 해양성 기질, 해양성 문화(조갑제)[24], 혼종성, 역동성, 저항성, 단발성(임성원)[25], 혼종성과 잡거성에 의한 무정형의 도시, 개방성과 포용성의 해양도시, 투박함과 창조성이 있는 혼성가치의 장(오재환)[26], 해항도시 문화적 기질[27], '끓는 가마솥 도시로서 결정성, 혼종성, 네트워크성, 다문화성'(구모룡)[28], 찢긴 굴욕 승화시킨 뜨거운 혼종성 도시(김대래)[29]와 같이 해양성 기반의 혼종문화의 특성을 강조하는 시각들도 있다.

21) 김무조, 「부산문화의 원형적 시각」, 『21세기를 향한 부산정신의 모색』, 석당전통문화연구원, 2000, 9~68쪽.
22) 강남주, 「부산문화의 미래가치를 말하다」, 『부산의 미래가치』, 부산발전연구원, 2013, 98~131쪽.
23) 김대상, 「이 잡연성은 뒤집어 보면 좋은 다양성이 된다」, 『뿌리 깊은 나무, 부산 편』, 1984, 92쪽.
24) 조갑제, 「해양성기질, 해양성 문화」, 『뿌리 깊은 나무 부산 편』, 1984, 76쪽.
25) 임성원, 「임성원의 부산미학 산책」, 〈부산일보〉, 2019년 5월 7일 검색.
26) 오재환, 「부산정체성의 발견과 부산학」, 『한국지역학포럼 발표 자료집』, 2012; 「부산학연구의 성과와 과제」 『지역학의 발전방향 세미나 발표자료』, 광주문화재단, 2017.
27) 구모룡 외, 『마리타임 부산: 부산의 항, 포구의 사람과 문화』, 부산발전연구원, 2009.
28) 구모룡, 「해항도시 부산의 특이성과 문화」, 『부산학개론』, 호밀밭, 2015, 90~116쪽.
29) 김대래, 『개항기 일본인의 이주와 경제적 지배』, 부산연구원 부산학 연구센터, 2019.

이를 좀 더 구체적으로 살펴볼 필요가 있다. 구모룡 (2009;2015;2016) 은 부산이라는 장소 토포스의 본질적 특성에서 부산인의 기질을 봐야 한다고 주장한다. 특히 지문학적地文學的으로 '해항도시'라는 도시적 특성에서 부산인의 정신이 출발한다고 본다. 이러한 특성이 비록 일본제국주의와 왜관으로 상징되는 동아시아의 '결절점'으로 형성되었지만, 한국전쟁을 통해 '혼종성', '다양성', '잡거성'이 토착적으로 확대되어 왔다는 것이다. 나아가 식민주의와 필연적으로 연계될 수밖에 없는 도시주의는 부산사람들의 교역과 상업적 특성을 적극 강화하여 왔다는 것이다. 특히 다양한 문화가 교류되고 융합되는 '끓는 가마솥' 같은 도시적 기질은 교역과 교류의 네트워크 도시 속에서 생성되고 있다는 것이다. 이러한 기질적 특성은 다층적 공간구조와 혼종적 문화 속에서 지속적으로 재생산되고 있다고 보았다.[30]

고순희 외(2004)는 부산도시의 특성을 '유동성', '서민성', '착종성', '왜색성'으로 정리하고 있다. 물류소통의 심장, 낯선 사람들의 유동, 청관거리의 천이遷移 등에 주목하면서 유동성을 설명하고 있다. 착종성은 방어와 진출의 길항으로서 변방성과 해양성이 만나는 공간이자, 급살 맞은 전통과 이식된 근대공간이 나타내는 특징으로서 제시되고 있다. 왜색성은 한국의 다른 지역에 비해 특히 두드러진 일본

---

30) 구모룡 외(2009), 앞의 책; 구모룡(2015), 앞의 책, 90–116쪽; 구모룡, 「해항도시 부산의 특이성과 문화전략」, 『근대부산항 별곡』, 부산근대역사관, 2016, 212–216쪽.

의 대중문화, 언어, 방통문화 등을 부각하여 주목하고 있다. [31]

　김홍석(1997)은 부산사람과 부산 문화의 특징을 '개방성과 융통성', '민중중심의 저항의식', '주변적 해양성'을 들고 있다. 무엇보다 지정학적 요충지로서 개화와 개항의 전초기지로서의 개방성을 주목하고 있다. 그러나 지리적 주변성과 정치·경제적 여건의 이중성으로 인해 민중중심적인 의식과 기존 체제에 저항하는 의식이 강한 저항적 민중의식으로 발달되어 왔다고 본다. 또한 주변부적인 해양성이 부산의 정체성을 만들어오기도 하고 정체성의 위기를 가속화하였다고 본다. [32]

　김성국(1997;2000)은 부산정신의 핵을 개방성과 저항의식이라는 두 가지의 상호대립적 혹은 상충적인 속성을 기반으로 하는 '선구자적 개척정신'으로 규정하였다. 태평양의 강한 파도와 세찬 바람이 밀려드는 해양성 자연으로 인해 개방적 기질을 갖게 되었다는 것이다. 바다와 땅의 결합은 항구라는 사회경제적 생활단위를 만들어내는 데 온갖 낯선 사람과 문물이 끊임없이 왕래하는 교차지이기 때문에 더욱 개방성을 가질 수 있었다는 것이다. 그러나 역사적으로 신라 망국의 한, 고려시대 부곡이라는 차별적 지위의 반발, 조선시대 왜구

---

31) 고순희 외, 『BUSAN 도시이미지』, 부산발전연구원, 2004.
32) 김홍석, 「부산인의 사회문화적 특성과 전망」, 『부산사회문화의 이해』, 부산발전연구원, 1997, 224-239쪽.

의 난동, 임진왜란, 정유재란으로 인한 일본에 대한 적개심이 저항의식의 원류가 되었다. 나아가 일본식민지 시대 각종 독립운동과 노동운동의 투쟁의지의 고양, 해방 후 야당도시, 4·19혁명, 부마민주항쟁 등을 통해 형성된 저항의식의 역사적 뿌리가 깊다고 본다. 이러한 개방성과 저항의식을 바탕으로 역사의 끔찍한 피해를 묵묵히 받아들이면서도 끊임없이 저항해나가는 가운데 선구자적 개척정신을 키워나간다. 임진왜란으로 나라수호의 첨병이 되어 희생을 치르면서도, 조선통신사의 파견을 통한 외래문물의 교역지라는 선구자적 지위를 획득한다. 또한 일본제국주의의 침략의 교두보가 되어 다른 도시보다 선제적인 변화를 강요당하기도 한다. 그러나 이를 바탕으로 식민지적 근대화와 후일 상공업 도시와 정치적 야당도시로 성장하는 계기를 마련하기도 한다. 그뿐만 아니라 한국전쟁에서는 수많은 피란동포를 수용하는 동시에 피란수도로서 최후의 방어거점이 되어 국가운명의 최전선을 형성하는 책임을 완수하였다는 것이다. 이처럼 개방성과 저항의식이라는 상충적 기질이 충돌 혹은 상승하여 '선구자적 개척정신'이 만들어졌다는 것을 강조하고 있다.[33]

　류종목(2000)은 부산사람의 기질을 구비문학을 바탕으로 정리

---

33) 김성국, 「부산인의 개방성과 저항의식」, 『부산사회문화의 이해』, 부산발전연구원, 1997, 169–182쪽; 김성국, 「선구자 정신: 정치사회학적 측면에서 본 부산정신」, 『21세기를 향한 부산정신의 모색』, 동아대학교 석당전통문화연구원, 2000, 143–234쪽.

하고 있다. 지역사회에서 전승되고 있는 다양한 구비문학 작품 속에 나타난 기질적 특성은 '대인숭앙적 성향', '신의信義 우위의 가치', '저 항적 자주의식의 유로流路'로 나타난다는 것이다. 선이 굵고, 통이 크 며, 구질구질하지 않고, 흑백이 분명한 기질이 작은 일에 연연해하거 나 비굴한 인간형 즉 소인배를 꺼리는 기질이라는 것이다. 이는 시랑 대의 동굴, 쌍바위의 슬픈 내력, 의적 정봉서, 장사바위의 전설이나 민담 등으로 이어져 내려온다는 것이다.[34]

박재환(2004;2013)과 대안사회를 위한 일상연구소(2012)는 먼 저 부산의 정체성을 '신바람과 휘몰이성', '개방적 포용성', '서민성', '솔직성', '저항성', '의리성', '몰계산성', '현장 실천성', '우리 합일주의 성'의 특징을 보인다고 분석한다. 이러한 특성을 바탕으로 부산사람 들의 기질로 '전통주의 부재에 따른 개방적 포용성', '생활 속 의리 존 중성', '표리와 거리를 거부하는 합일성', '조급성과 감정성', '치밀성 부재의 현장성'을 들고 있다. 동남 해안 변방도시라는 지정학적 특성 은 중앙 왕조의 보호보다 왜구침탈에 더 노출될 수밖에 없었다. 특히 광복과 한국전쟁은 전통의 고수보다는 이질적 문화의 포용과 수용을 더욱 다급한 것으로 만들었다고 본다. 이러한 경험들이 개방적 포용 성 기질을 형성했다는 것이다. 또한 의리라는 것을 거창한 성리학적

---

34) 류종목, 「구비문학에 표현된 부산정신」, 『21세기를 향한 부산정신 모색』, 동아대학교 석당전 통문화연구원, 2000, 242쪽.

이론이나 탁상공론적인 의리보다 실제 생활에서 사람의 마땅한 도리로서 의리를 존중하는 기질이 형성되었다는 것이다. 그리고 부산사람들의 솔직하고, 투박하며, 거칠다는 특성은 겉과 속을 달리하는 것을 매우 안 좋다고 생각하는 경향에서 형성되었다고 본다. 아무리 가까운 사이라도 일정한 격식과 예절은 지켜져야 한다고 생각하는 사람의 입장에서 볼 때는 무턱대고 솔직한 것이 오히려 '거칠고, 투박하게' 여겨질 수 있다는 것이다. 또 한편 부산사람들의 직선적 사고는 부산의 공간적 특징과 매우 관련이 높다. 모든 길이 배산임해로 직선으로 나 있고, 바다로 뻗어 있는 공간적 특징에서 기인한다는 것이다. 이러한 직선적 공간은 조급함과 감정적 다혈질 기질을 형성했다고 본다. 마지막으로 치밀성 부재의 현세적現世的 기질은 해양적 특성에서 연유한다고 본다. 이는 투박하고 치밀하지 못한 기질과 상승작용하여 더욱 현세現世중심적 기질을 강화하여왔다는 것이다.

이와 같이 그간 부산지역사회를 배경으로 부산정신과 부산사람들의 기질에 관한 다양한 분석들이 있었다. 그러나 많은 연구들이 지역정신과 지역기질에 대한 명확한 개념 구분 없이 사용하고 있다. 이로 인해 지역정신의 특징과 그 발현양식인 지역기질에 대한 혼용적 접근으로 그 개념의 추상수준이나 포괄범위가 혼란스러울 수밖에 없다. 한편 그동안 역사, 사회, 민속, 문화 등 각 분야별 방법론적 특성을 활용하여 개별 학문적 영역에서 접근들을 하여 왔다. 그렇다 보니 각 분야별 논의들을 종합적이고 체계적인 틀에서 입체적으로 부산사람의 정신과 기질적 특성을 밝혀내는 데에는 아쉬움이 따른다. 특히 역사적 접근은 기질이 배태되는 역사적 맥락을 설명하는 훌륭한 접근에도 불구하고, 현재의 표출양태와 연계하여 설명하는 데에는 한계를 가진다. 마찬가지로 사회학적 접근은 현재의 다양한 표출양상에는 주목하나 그 본질적, 역사적 해석에는 주의를 깊게 기울이지 않는 경향들이 있다. 문화론적 접근에서도 다양한 기질적 특성의 문화적 성격을 밝히고는 있으나, 기질과 그 기저의 지역정신을 동일시하여 기질적 징후들을 병렬적으로 나열하는 수준에서 그치는 사례가 많다.

각 분야별 접근의 한계를 극복하고자 우리는 사회학적 관점에서 출발하되 역사맥락적 접근의 장점을 최대한 활용하고자 한다. 이를 위해 지역정신이 배태되는 역사적 배경과 준거부터 살피고자 한다. 이러한 역사적 배경으로부터 기저화되고 형성된 지역정신이 발현되면서 기질적 특성으로 표출되는 특성을 규명하고자 한다. 그러나 부산정신이 도출된다고 해서 곧바로 부산사람들의 기질을 이해하기는 쉽지 않다. 인식과 행동이 유기적으로 연결되면서도 사실은 별개로 작동하듯이, 기질특성도 일정하게 발현되는 양상과 조건이 있다는 것이다. 이러한 문제의식 하에서 부산지역정신과 기질에 관한 종합적 입체적 접근을 시도해보고자 한다.

400여 년간 유지되어 온 동북아 최대 자유무역지대였던 왜관, 상업인맥의 뿌리인 동래상인, 외교와 문화교류의 통로인 조선통신사로 상징되는 빛나는 상업도시 전통은 부산정신을 이해하는 기본 배경이다. 또한 이별과 별리의 일상화로 점철된 부산사람들의 생활사도 주목해야 한다. 이로부터 기저화되고 형성된 의리와 저항의 부산정신의 형성과정을 규명하고자 한다.

2

부산정신과 기질,
어떻게 만들어졌는가

　부산은 지정학적으로 바다와 해양을 낀 관문지역이다. 거친 바다와 외세의 침략 혹은 문화적 접변이라는 충격을 맨 먼저 받아들이는 일차적 관문지역일 수밖에 없는 숙명적 위치를 점하고 있다. 또한 항상 서울과 중앙으로부터 가장 먼 변경지역이라는 취급을 받아왔다. 이러한 지정학적 요인을 바탕으로 외래문화 혹은 타지역 문화와 섞임이 자연스러운 곳이기도 했다. 이런 문화적 경험은 다른 문화에 대한 수용과 포용력이 친숙할 수밖에 없는 구조를 만들었다. 이러한 공간적 특성은 한편으로는 경계와 교류라는 해항도시海港都市의 보편적 속성을 역사적으로 강화하는 한편, 다른 한편으로는 독특한 장소적 정체성을 누적시켜왔다. 특히 부산은 조선 건국 후 최초의 대일항구가 되는 해항海港과 외세에 대응하는 군항軍港의 특성을 겸비한 도시가 되었다.[35] 우리는 이러한 부산의 특성 중에서 부산정신과 부산사람들의 기질을 가장 잘 포착할 수 있고 가장 많은 영향을 미쳤다고 판단되는 세 가지의 특성에 주목하고자 한다. 그 첫 번째는 왜관, 동래상인, 통신사로 집약되는 상업도시 전통이며 두 번째는, 이별과 별리가 일상화된 도시의 특성이며 마지막으로는 변경과 배제의 구조화라는 도시적 경험이다.

1. 빛나는 상업도시 전통

부산은 상업도시다. 낙동강 7백리의 기종점으로서 부산은 구포 감동진, 물금, 명지나루 등이 있다. 이곳을 통해 개성 이북뿐만 아니라 서울 등지에서 실려 온 각종 물산들이 구포장터를 중심으로 물류의 이합집산이 이루어지는 거대한 상업도시로서 발전하였다. 역사적으로 부산지역은 농업을 기본으로 하면서도 대구, 청어 등 수산업,

---

35) 부산의 모습 중에서 해항의 모습은 왜관, 통신사, 표민수수소(漂民授受所) 등에서 찾을 수 있으며, 군항의 모습은 경상좌수영, 임진왜란의 해전, 7鎭의 부산 집중 등에서 찾을 수 있다. 김강식, 『조선시대 해항도시 부산의 모습: 군항과 해항』, 선인, 2018, 11쪽.

유기장을 주요 품목으로 하는 관영수공업이 발달하였다. 뿐만 아니라 자기, 도기 등을 주요 품목으로 하는 민영수공업, 목제품 등을 생산하는 농촌 수공업 등으로 구성된 다양한 수공업이 발달하였다. 또한 석포, 절영도 등의 목장을 중심으로 하는 축산업, 65좌의 염분을 중심으로 하는 염업 등이 발달되었다. 이처럼 부산지역에는 직업으로서 상업 자체를 천시하는 토착양반의 문화가 희박하다. 또한 부산에 왜관이 있어 대일무역이 번성한 데 영향을 받아, 이미 17세기를 전후한 무렵부터 여러 곳에 장시場市가 개설되었다. 따라서 장사로 생계를 유지하는 것이 이 고장의 풍속으로 될 정도였다.[36]

그러나 오늘날 부산인들의 정신과 기질적 특성을 일견 보면 이러한 빛나는 상업도시의 전통을 잇고 있기도 하다. 그러나 다른 한편으로는 그 상인적 기질을 '전통적 양반정신의 훼절'로 폄하하는 이중적 모습을 보이고 있다. 이러한 '동래'와 '부산'의 역사적 긴장관계 속에서 역사적으로 '길항 컨텍스트'[37]가 형성되었다. 따라서 우리는 이러한 상업도시 부산의 정신과 부산사람의 기질을 이해하기 위해 왜관倭館과 동래상인萊商과 통신사通信使라는 세 가지 열쇳말을 중심으로 풀어가 보기로 한다.

---

36) 부산직할시, 『부산문화』, 부산직할시, 1992, 72~74쪽.
37) 이왕주, 「지역건축탐방-부산의 풍토, 부산문화, 부산사람」, 『Korean Architects』 4, 대한건축사협회, 1998, 74~78쪽. 그는 부산포가 동래를 흡수하는 과정에서 부산은 전통의 절맥과 가치전도라는 정신사적 변화를 겪었다고 본다.

1. 중세 동북아 최대 자유무역지대, 왜관

먼저 왜관을 살펴보자. 흥미로운 것은 왜관에 접근하는 부산사
람들의 가치관과 감정이 매우 양가적兩價的이라는 것이다. 양가적 측
면의 하나는 중세 이후 400여 년간 유지되어 온 '동북아 최대 자유무
역지대'에 대한 호기심과 자부심이다. 그러나 다른 하나는 왜관이라
는 표현이 주는 거부감과 일제강점기의 불편한 기억들이 그 이전에
존재하였던 왜관의 존재마저도 부정하고 싶은 심정이다. 일본 마음
대로 만들었다는 편견과 역사적 사실의 오해에서 오는 의도적 무시
와 회피의 마음이다. 그러나 부산의 정체성과 부산인의 상업성을 이
해하는데 왜관은 매우 중요한 위치를 점하고 있다.[38]

왜관을 이해하기 위해서는 조선-중국-일본으로 구성된 중세 동
아시아의 국제적 질서를 먼저 살펴볼 필요가 있다. 조선은 건국과 함
께 중국의 왕조와 사대조공事大朝貢의 관계를 형성하고 동시에 여진 및
일본과 기미교린羈縻交隣[39]의 관계를 형성함으로써 동아시아 질서라는
틀을 완성하는 연결고리로 기능했다.[40] 특히 조선 태종기에는 명明으

---

38) 현재 시점에서 부산지역에서 왜관과 관련한 물리적 혹은 비물리적 자산규모가 엄청나다. 그
자산을 살펴보면 건축물형, 가로패턴 등 물리적 자산이 232개소이며, 경관, 행사, 기록물 등
비물리적 자산이 179건 등 총 429건의 보전자산이 파악되고 있다. 부산광역시 · 경성대학교,
『초량왜관 관광자원화 방안 연구』, 부산광역시, 2018.

39) 기미(羈縻)란 말의 굴레와 소의 고삐를 가리키는 말인데, 고삐를 느슨하게 잡되 끈은 놓지
않는다는 뜻이다. 구슬려서 관계를 끊지 않는다는 중세 동아시아 질서를 유지시킨 정책으로
서 조선이 일본에 대해 견지한 외교정책이다.

40) 윤대식, 「중도적 실천지로서 한국: 동아시아 질서의 고전적 안정화 경로 추적」, 『글로벌정치

로부터 일본 왜구 토벌의 압력이 높아진다. 이와 같은 압력은 조선과 일본의 통상적 관계에 대한 의심에 기인하면서 조선에 정치적 부담으로 작용하였다.[41] 이 상황에서 조선의 선택은 명과 사대관계를 유지하면서 변방 역할을 수행하고, 일본과 교린관계를 해치지 않는 범위 내에서 왜구의 제거를 모색하였다.[42] 이러한 기미교린의 정책적 판단의 연장 선상에서 일본에 대한 포구 개방과 왜관의 설치가 이루어졌다. 이러한 왜관은 조선의 입장에서는 일본인의 통제와 감시를 위한 국방적 기능을 의미하였다. 그러나 일본의 입장에서는 쇄국체제하에서 소위 '4개의 입구'[43]로서 외국문물과 정보가 들어오는 중요한 경로로 이해하였다.[44]

나아가 이러한 포구 개방과 왜관의 설치는 단순히 한일관계에서만 볼 것이 아니다. 15세기 초는 유럽 변방국가인 포르투갈을 중심으로 바다를 이용한 대항해 시대의 서막이 열리는 시기이다. 특히 중국의 정화鄭和가 이끄는 대함대가 서남아시아 해상교통로를 개척하던 말 그대로 바다가 출렁이는 '대항해' 시대였다. 아직까지는 이러한 세계사적 대변화가 부산포의 개방과 이를 위한 상관외교시설인 왜관

연구』 제6권 2호, 글로벌정치연구소, 2013, 57-84쪽.

41) 위의 글, 69쪽.

42) 국방부 군사편찬연구소, 『조선시대 군사전략』 국방부 군사편찬연구소, 2006.

43) 마쯔마에(松前), 류큐(琉球), 나가사키(長崎)와 함께 대마도와 부산왜관을 의미한다.

44) 카타야마 마비, 「유물로 본 초량왜관 내 일본인의 생활 모습: 초량왜관 선창부지 유적, 땅 속에서 찾아낸 부산역시의 재발견」 『부산박물관 2019 학술심포지엄』 2019.10.1. 77-92쪽.

의 설치에 어떤 영향을 미쳤는가에 관한 역사적 근거는 없다. 하지만 세계사의 변화라는 게 항상 그러하듯이, 어떤 역사적 큰 흐름이 지역 국가와 관련국가에 직·간접적 영향을 미쳐 유기적 관계를 형성했던 것을 염두에 둘 필요가 있다. 항상 인류사의 개별 단위의 서사는 종국적 결말을 지향하지만, 상호연계라는 역사적 사실은 항상 새로운 문화를 잉태하여 왔다는 사실에 우리는 주목한다.[45] 따라서 대항해를 통해 아시아에 활발히 진출했던 포르투갈과 일본의 관계, 일본에서 그러한 영향의 대응, 무로막부室町幕府 시대의 왜구들의 활성화, 적극적인 무역확장 정책을 펼쳤던 중국의 영락제永樂帝 시기의 동아시아 조공·교린관계의 변화 등의 다양한 요소들을 복합적으로 고려할 필요가 있다. 그렇게 본다면 조선의 포구개항과 왜관의 설치는 세계사적 흐름 속에서 이해될 수 있는 충분한 맥락적 계기가 있을 것이다.

왜관倭館은 한자 그대로 일본인이 머무르는 곳이다. 우리나라 전체 왜관의 역사는 좀 복잡하다. 조선 초기 조정은 사자使者의 명칭을 띄고 도항해 오는 사송왜인使送倭人, 무역을 위해 도항해 오는 흥리왜인興利倭人, 왜구나 생활이 어려운 자나 귀화하고자 하는 항화왜인抗化倭人등 다양한 도항 일인들의 왕래를 통제하기 위해 포소의 제한을 시도하였다. 이러한 조선 전기 왜관의 변천은 제1기 왜관 성립

---

45) 타민 안사리, 박수철 역, 『다시 보는 5만 년의 역사: 인류의 문화, 충돌, 연계의 빅 히스토리』, 커넥팅, 2020, 7~14쪽.

시기(1415년~1418년), 제2기 삼포왜관시기(1423년~1510년), 제3기 이포왜관시기(1512년~1544년), 제4기 부산포 왜관시기(1547년~1592년)로 나눌 수 있다.[46]

이곳저곳 어지럽게 배를 대고 질서를 문란케 하는 왜구들과 일본 배들을 부산포와 제포 등 만호들이 상주하고 관리가 통제가 가능한 곳에만 배를 대도록 하는 이른바 조선의 개항은 왜관과 불가분의 관계를 맺고 시작된다. 태종 7년인 1407년 경상도 병마절제사 강사덕이 건의한 각 포구의 방어대책 중 다음의 기사가 우리나라 중세 개항의 출발을 알리는 역사적 출발이다.[47]

---

46) 장순순, 『조선시대 왜관변천사 연구』, 전북대학교 박사학위논문, 2001, 35쪽.
47) 부산지역에서 개항의 역사적 시기와 본질적 의미에 대해서 다양한 논의들이 있었다. 특히 최근 (2019년 5월 15일) 부산시가 주관이 되어 '부산항 개항 역사 시민공청회'를 개최한 것은 의미가 있다. '개항의 성격과 의미'(전성현), '1407년 부산포 개항과 그 성격 의미'(김동철), 부산포 단일 왜관과 동래부(양흥숙), '부산항 개항역사와 해양수도 부산의 미래'(김해창) 등 4개 주제의 발제와 토론이 있었다. 흥미로운 것은 개항의 역사를 1407년으로 올려 볼 것인가, 아니면 1876년 근대개항의 의미를 재해석할 것인가 등에 관해 첨예한 논의가 있었다는 사실은 개항의 역사적 의미에 대한 지역사회의 천착이 놀랍게도 아직까지 미흡하다는 것을 반증한다고 볼 수 있다.

“

좌우도 도만호(左右道都萬戶)가 방어하는 곳에 와서 정박하도록 하였으나, 여러 섬의 왜선에 그 까닭을 두루 알리지 못하여, 전과 같이 각포(各浦)에 흩어져 정박합니다. 빌건대, 각 섬의 거수(渠首)에게 두루 알리고, 행장(行狀)256) 을 만들어 발급하여 도만호(都萬戶)가 있는 곳[48]에 와서 정박하게 하여, 속이고 위장하는 것을 막아 일체로써 다스리게 하소서. (중략) 그 글을 정부(政府)에 내려 의논하니, 아뢴 대로 시행하도록 청하였으므로, 그대로 따랐다.

前番都節制使報于議政府, 使於左右道都萬戶防禦之處到泊, 令)諸島倭船不能通知其故, 依前於各浦散泊. 乞通諭各島, 渠首行狀成給, 使於都萬戶在處到泊, 以防詐僞, 以一體統.(中略) 下其書政府擬議, 請如所啓施行, 從之[49]

”

따라서 이곳에 흥리왜인(興利倭人)과 항거왜인(恒居倭人)들이 묵거나 드나들면서 비로소 교역활동을 할 수 있는 왜관을 만들게 된 것이다. 이 왜관에는 객관, 상관, 공관 등 기능을 하는 공적 건물인 왜관이

---

48) 경상좌도의 도만호가 있는 곳은 오늘날 창원시 진해구인 제포이며, 우만호가 있는 곳은 부산포이다. 부산박물관, 「『초량왜관 – 교린交隣의 시선으로 許하다』부산박물관 학술연구총서」제54집, 부산박물관, 2017, 221쪽.
49) 『태종실록』14권, 태종 7년 7월 27일 무인 2번째 기사. 1407년 명 영락(永樂) 5년.

만들어졌다.[50] 그 후 왜관의 위치와 개폐는 400여 년간 다양한 변화를 겪

어왔다. 하지만 부산포를 중심으로 유지되어 온 것은 역사적 사실이다.

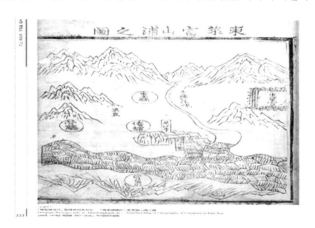

부산포 개항의 상태를 보여주는 가장 오래된 지도인 신숙주의 해동제국기 중
동래부산포지도 ©부산광역시, 부산고지도 釜山古地圖, 2008:222.

우리가 특히 주목하고자 하는 것은 1547년 부산포왜관을 통한 단일

왜관의 조성이다.[51]

---

50) 왜관 설치에 관한 기록이 처음 등장하는 것은 개항 후 11년 뒤인 1418년(태종 18년)에 나타난다.

51) 1544년 4월 통영 사량도에 왜구가 쳐들어와 우리나라 수군 1명이 사망하고 10여 명이 부상을 당
   하는 이른바 사량왜변이 일어났다. 이를 계기로 조정에서는 가덕도에 가덕진과 천성진을 설치하
   고, 대포 수군 진영에는 수군을 통솔하는 지휘관의 격을 높여 종3품 첨 사를 파견토록 하였다.
   3년이 지난 1547년 정미약조(丁未約條)가 체결되었다. 약조의 내용 중에 '바람과 파도가 순조롭
   지 못하다는 것을 핑계로 가덕도 서쪽으로 와서 정박하는 자는 왜적으로 논한다'는 조항이 있다.
   이는 전라도 쪽으로 이동하는 것을 차단하기 위함이다. 따라서 가덕도보다 서쪽에 있으면서 당시
   부산포보다 훨씬 규모가 컸던 제포왜관은 폐쇄되었다. 1510년 이후 울산의 염포왜관이 이미 폐쇄
   되었기 때문에 삼포왜관 중 유일하게 임진왜란 전까지 부산포 왜관만 유지되었다. 또한 1547년부
   터 동래에는 이전에 종5품 현령에서 종3품 도호부사의 직위를 가진 동래부사가 파견되었다. 양홍
   숙, 「1547년 그해 부산에는 무슨 일이 일어났나?」 《국제신문》, 2019. 6. 27. 일자.

전라도 쪽으로의 왜인들의 무단이동을 방지하기 위해 정미약조의 내용에 부산포만을 허용한다고 담겨있다. 그러나 이처럼 부산포만의 단일 왜관은 이러한 관방적 필요에 의해서 운영되었지만, 그 이후 실제 운영과정에서 상업적 기능이 강화되었다.

임란 후 조·일 강화교섭의 재개와 함께 절영도에 임시로 왜관이 설치되었다. 그리고 양국 간에 정식으로 국교가 이루어지면서 1607년에는 두모포(豆毛浦)에 왜관이 설치되어 양국 간에 교섭이 이루어졌다. 그리하여 두모포 왜관은 전쟁 이후 양국 간의 평화적인 외교관계인 교린의 질서를 상징하게 되었다.

연대	위치		비고
1407	부산포·제포(웅천)		
1418	부산포·제포(웅천)·염포·가배량		1419~1422년(제1차폐쇄·대마도 정벌)
1460~1508	부산포·제포(웅천)·염포(울산)		1509~1512년(제2차폐쇄·삼포왜란)
1512	제포		임신조약(1512년)
1521	부산포·제포(웅천)		
1544~1547	부산포		사량포왜변(蛇梁倭變)·정미조약
1603~06	부산포왜관	절영도(영도)	1592~1601년(제3차폐쇄·임진왜란)
1607~77		두모포(고관·수정동)	기유약조(1609년)
1678~1875		초량왜관(용두산 공원일대)	왜관이전·확장
1876	왜관폐지-일본인전관거류지		강화도조약

조선시대 왜관의 변천

자료: 박화진, 「조선시대 국경지역의 이국관 동래 부산포를 중심으로-」 『동북아 문화연구』 29, 2011, 152쪽.

그 후 일본 측은 두모포 왜관이 설치된 지 약 33년만인 1640년(인조 18)에 왜관을 조선전기에 왜관이 위치한 부산진성釜山鎭城으로 옮겨줄 것을 조선정부에 요청하였다. 이것이 조·일 양국 간에 있었던 이관 논의의 시작이었다. 이것을 시작으로 일본 측은 30여 년간에 걸쳐서 계속 왜관의 이전을 요구해 왔고, 조선은 급기야 1673년에 이관을 허락, 1678년(숙종 4)에야 왜관은 이건될 수 있었다. 새로운 왜관은 당초 일본 측에서 희망했던 것과는 달리 부산진에서 서남쪽으로 10리쯤 떨어져 있는 초량촌草梁村에 건설되었다.[52] 초량왜관이 이건되면서 이전보다는 많은 왜인이 건너와서 거주하게 되었다. 이를 통해 본격적인 상업기능이 집중되어 중국과 일본을 중개하는 무역기능이 이전보다 훨씬 강화되었다.[53]

왜관이 유지되는 400여 년 동안 왜관 주변에서 일어났던 수많은 상거래뿐만 아니라 크고 작은 변화들이 일어났다. 이 왜관을 통해 성리학을 바탕으로 나라를 꼭꼭 걸어 잠갔던 조선사회가 유일하고 합법적으로 성리학 바깥세상을 내다보는 창이자 거울이 되었다. 뿐만

---

52) 장순순(2001), 앞의 논문, 54-55쪽.
53) 17세기 중반 이후 조선과 일본 사이의 무역이 크게 증가하면서 선창이나 무역선 안전이 중요한 문제로 대두되었다. 이러한 문제를 풀기 위해 일본 측[대마 번]에서는 왜관 이전(移轉)을 요구하였다. 대마 번에서는 1640년(인조 18)에서 1673년(현종 14)까지 30여 년 동안 사절을 여덟 차례 파견하였다. 제6차[1671] 사절 정사(正使) 평성태(平成太), 츠에효고(津江兵庫)는 조선이 이관(移館)에 대해 여전히 미온적인 태도를 보이자 왜관을 벗어나 동래부로 향하였다. 그러고는 그해 12월 동래부에 머물다가 갑자기 사망하였다. 이 사건이 계기가 되어 1673년 9월 이관이 결정되었다. 초량왜관의 신축 공사를 마치고 1678년(숙종 4) 4월 489명의 일본인이 초량 왜관으로 이전하였다. 네이버지식백과 〈초량왜관〉, 2019년 3월 6일 검색.

아니라 왜관은 외교를 통한 왜구대책, 왜구방어대책, 일본회유책의 일환으로 시작되었지만,[54] 공물을 휴대하고 왕래하는 외교사절을 위한 시설이었다. 따라서 왜관에서의 모든 활동은 외교를 전제로 하여 성립하였다. 이는 외교를 수반하지 않은 상인을 위한 시설이었던 나가사키의 도진마치唐人町나 데지마出島 등과 근본적으로 달랐다.[55] 이처럼 외교관계를 바탕으로 단순히 외교로 끝나지 않고, 이 공간을 통해 광범위한 상업 활동이 지속적으로 일어났다.

철저한 쇄국의 기조 속에서도 자발적이든 혹은 비자발적이었던 간에 외국문물을 접하고, 외국과의 상업적 교류의 작은 문을 열어놓았다는 데에서 400여 년간 존속해 온 왜관이 갖는 적극적 의미를 부여할 수 있다. 최대 규모 11만여 평의 부지에 통상 5백여 명의 상인들이 상주하며 국제적 거래를 하던 이곳은 명실공히 동북아 최대 자유무역지대라고 불러도 손색이 없다.

특히 상업적 거래와 문화적 교류의 플랫폼 역할을 통해 철저하게 명과 청이라는 내륙만 바라보고 있던 조정에 비해, 이곳을 통해 다른 세계관을 지속적으로 접하였다는 것은 놀라운 일이다. 더군다

---

54) 부산박물관(2017), 앞의 책, 220쪽.

55) 위의 책, 245쪽. 왜관의 경우 일본에서 건너온 연례송사나 차왜, 관수 등이 왜관을 벗어나 상경하여 국왕을 만나는 것이 금지되었다. 그러나 데지마의 경우 상관장이 연 1회 에도참부(江戶參府)를 통해 정보교류를 행하였다는 점이 다르다. 이는 향후 근대 개항이 이루어지는 과정에서 서로 간의 기능과 역할에서 다른 운명을 맞이하는 하나의 원인이 되었다. 공미희, 「초량왜관과 데지마 비교해봤더니」, 《국제신문》, 2019. 6. 21일 자.

동래 출신 화원 변박卞璞이 그린 초량왜관
전경 ⓒ국립중앙박물관

나 일본의 교역 상품과 그에 묻어왔을 일본의 해양문명과 일본을 통해 들어왔을 네덜란드, 포르투갈 등 해양국가의 문물과의 문화적 접변은 더욱 큰 영향을 미쳤다. 이는 완고한 내륙 중심의 사고체계와는 전혀 다른 새로운 세계관과 가치체계로서 큰 사회적 파장을 가져왔다. 이러한 과정 속에서 이들과의 일차적 교류를 담당하였던 부산지역 사람들은 동래상인, 도중상인으로 불리면서 비록 사농공상의 유교적 신분 체제의 하층 피라미드를 점하였지만, 지역사회의 개방정신과 혼종문화를 전파하는 선구적 역할을 담당하였다.

이곳 왜관은 단순한 공간적 의미뿐만 아니라 이를 중심으로 공무역, 개시무역(사무역), 밀무역이 활발히 진행된 상업 활동의 요충지였다. 그에 따라 상주하는 일본인들의 숫자도 점점 증가하였다. 15세기 개항 초기 당시에 동래현 전체 인구가 290호에 2,416명으로 추산되는데, 그 중에 상주하였던 항거왜인이 110호에 330여 명인 것을 보면 전

1887년 초량왜관 모습 ⓒ김재승.

체 호수의 1/3, 인구의 1/8 정도나 되는 상당 비중의 사람들이 거주하

였음을 알 수 있다.[56] 이들 왜관을 중심으로 다양한 상업 활동을 영위하

는 가운데 서울의 부거인(富居人)이나 상인들이 부산진성 아래 민가를

중심으로 여염에서 장사, 해산물 채취, 농업, 어업, 소규모 상업, 유녀

들의 활동[57], 장리의 고리대업 등 활발한 경제활동을 펼쳤다.[58]

---

56) 김동철, 「15세기 부산포 왜관에서 한일 양국민의 교류와 생활」, 『지역과 역사』, 제22집, 부경
역사연구소, 2008, 27-55쪽.
57) 『태종실록』, 태종 18년(1418) 3월 2일 기사에는 이들 중 유녀들의 문란한 생활에 대한 보고가 올
라온다.
58) 김동철, 앞의 논문, 46-47쪽.

유원각선생 매안감고비 및 비각(柔遠閣先生 埋案感古碑 및 碑閣, 좌측)과
약조제찰비(約條製札碑, 우측) [59] ⓒ부산박물관.

이러한 상업 활동이 활성화되면서 부산 거주민들은 다양한 상업 활동에 노출되었고, 이는 자신들의 가치관과 문화에 심대한 영향을 끼쳤을 것으로 충분히 짐작할 수 있다. 이처럼 동래부에는 상업을 말업으로 천시하는 토착양반이 적은 데다 흥판자생(興販資生)[60] 이 이 고장의

59) 유원각선생 매안감고비 및 비각(**柔遠閣先生 埋案感古碑 및 碑閣**)은 초량왜관에서 대일업무를 담당하던 관청이었던 유원각(**柔遠閣**)관련 내용을 새긴 비다. 약조제찰비(**約條製 札碑**)는 왜관에서 발생하는 문제를 처리하는 방침을 새긴 비다.
60) 동래부지(東萊府志), 풍속조의 표현이며, 이는 이순신의 장계(狀啓)에도 나타난다. 왜인들에게

풍속으로 되었다. 이처럼 왜관장을 통하여 동래부에는 거액의 부를 축적한 부자가 나타나기도 하고, 이에 따라 많은 왜은(倭銀)⁶¹이 나돌기도 하였다.

당시 조선 조정으로서도 왜관이 위치한 동래는 매우 중요한 요충지였다. 그러나 동시에 매우 부담스러운 지역이기도 했다. 대마도 및 일본과 접해있는 지역으로서 부산은 항상 살얼음판 같은 지역이었다.

2. 상업도시 부산의 주역, 동래상인

상업도시 부산은 왜관의 역할과 포구 개항의 영향으로 그 공간적 규모와 인적구성이 다양화되기 시작하였다. 인구를 파악할 수 있는 1740년의 부산이 속했던 동래부의 인구는 18,869명에서 1900년이 되기 전에 27,275명으로 늘어났다. 그에 따라 동래부의 100여 개의 마을들이 조선후기로 오면 절반 이상 늘어나기 시작한다. 이는 새로운 기능을 하는 마을이 자꾸 생기면서 마을별 호구 숫자는 줄어드나 마을은 늘어났다는 것이다. 그중에서도 동래부 읍성이 위치한 읍내면은 25개 마을에 1,115호가 거

납치된 부산 사람들의 생활을 묘사하는 가운데 '여인들은 차차 끌려가고 남자들은 배를 타고 고기잡이를 통해 부산에서 홍판자생(興販資生)하고 있음'을 보고하고 있다(朝鮮被擄人中° 女人次次人遼° 男人或令乘船捉魚° 或出入釜山等處° 興販資生° 船格充立° 而小倭本以卒下之倭).『李忠武公全書』卷之三. 狀啓二, 登聞擒倭所告倭情狀. 한국고전번역원, 한국고전종합 DB

61) 부산직할시. 부산문화, 부산직할시, 1992, 74–75쪽.

주하고 있었다. 그에 비해 포구가 있는 부산면에는 7개 마을에 759호가 거주하여 동래부 전체의 14% 정도가 살고 있었다.[62] 여기서 주목해야 할 것은 자연부락에서 새로운 마을의 출현이 포구와 관련한 상공업적 기능이 부산 전역으로 확대되고 있지 않았을까 하는 추측을 해 볼 수 있다는 것이다.

출전	마을(면)	戶數	口數	마을별 호수
『동래부지』(1740년)*	101(8)	5,463戶	18,869人	54.1
『호구총수』(1789년)	104(8)	7,007戶	28,864人	67.4
『동래부읍지』(1832년)	114(9)	7,190戶	32,158人	63.1
『동래부읍지』(1871년)	131(9)	7,662戶	27,329人	58.5
『동래(부사례)』(1895년)	131(9)	5,237戶	20,356人	40.0
『동래읍지』(1899년)	154(12)	6,728戶	27,275人	43.7
『경상남도동래군가호안』(1904년)	154(12)	4,870戶	–	31.6

조선 후기 부산 동래부 마을의 호구수 변화
* 僧 176호, 230人 除外.
자료: 부산광역시사편찬위원회(2006), 앞의 책, 8쪽.

---

62) 부산지역 마을의 변화는 18세기 초반(1740년)에 101개의 마을이 20세기 초반(1904년)154개로 늘어나고 현재(2004년) 686개로 늘어났다. 이러한 마을의 양적 변화는 공간적 차원에서 지역성의 변화를 반영하고, 사회·문화적 차원에서는 집단적 정체성을, 구조적 차원에서는 유기체적 속성을 적극 반영하는 결과라고 볼 수 있다. 부산광역시사편찬위원회, 『부산의 자연마을 제1권』, 부산광역시, 2006, 5~12쪽.

특히 부산포를 끼고 있던 부산면釜山面의 마을들이 급속히 분화하여 증가하였으며, 마을당 평균 호수도 부산의 다른 지역보다 두 배정도 많은 108.4명에 이르는 것도 이와 같은 추측을 가능하게 하는 것이다.[63]

조선시대 동래부 부산포에 설치한 왜관에서 대일무역에 종사하던 상인들을 내상萊商 혹은 남상南商이라고 한다. '도중都中'으로도 불렸던 동래상인들은 상업도시 부산을 지탱하였던 실질적이자 상징적인 집단이기도 하였다.[64] 그리고 왜관을 중심으로 하는 무역을 중개하고 통역 및 실무업무를 지원하였던 소통사小通事들도 지역민에게 많은 영향을 끼쳤다.

동래시장 풍경 ⓒ부산시립박물관

---

63) 위의 책, 9쪽.
64) 김동철, 「19세기 후반 동래상인의 존재와 활동」, 『지역과 역사』 38, 부경역사연구소, 2016, 309-345쪽.

한편으로는 중앙에서 내려온 대통사들의 보조 노릇을 하는 보완적 역할을 하였지만, 다른 한편으로는 지역의 또 다른 중간 지배조직으로 발전하면서 지역사회에 많은 영향을 미쳤다.[65] 이들은 동래부에서 허가를 받아 왜관무역에 종사했다. 정원은 20명이었는데, 1691년(숙종 17년)에 30명으로 늘었다. 왜관에 오는 상인은 개시대청에서 조일무역을 하는 동래상인, 왜학역관만이 있는 것은 아니었다. 경제 관계 이상으로 일본인과 친밀한 관계를 가지고 있었던 왜관 소상인 즉, 5일 개시 상인, 조시 상인도 있었다. 이것은 왜관에서 조일무역이 발달하는 것을 계기로 여러 가지 형태의 관계가 생겨나고, 양국인의 사회적 욕구도 함께 반영된 것이었다. 이들 상인들은 조선의 왜관 운영 정책에 따라 변화를 겪기도 하지만 장기적으로 왜관과의 교류를 지속한 사람들이었다.[66] 또한 이들이 동래지역 상업권을 주도한 세력이기도 하였다. 이들이 다룬 중요한 수출상품은 인삼, 피물皮物 지물紙物 등이었다.

---

65) 김동철, 「17~19세기 東來府 小通事의 編制와 對日活動」, 『지역과 역사』 17, 부경역사연구소, 2005.
66) 양흥숙(2009), 앞의 논문, 111쪽.

동래시장 상인들의 거래장과 정영장 ⓒ부산시립박물관

17세기 이래 유통경제가 발달하면서 사상私商의 활동이 증가하고 이들의 활동 범위와 규모도 커졌다. 그중에서도 개성상인들은 전국적으로 상품 생산지에 거점을 마련하여 상품을 미리 확보하는 한편, 이를 발판으로 중국 일본을 연결하는 무역에 종사했다. 이들은 왜관에서 인삼 등을 수출하고, 그 대금으로 받은 은을 다시 중국에 판매했다. 이를 위해 일본무역을 담당하는 동래상인은 중국 무역을 담당하는 의주상인과 함께 인적·물적으로 개성상인과 연결되었다. 19세기 이후 전반적으로 중계무역이 쇠퇴하지만, 개성상인이 조종하는 의주, 동래 상인의 활동은 계속되었다.[67] 따라서 지방에서 활동하는 상인 중에서 으뜸가는 존재라면 개성상인(송상)과 의주상인(만상)

---

67) 창작자를 위한 역사문화포털, 2019년 5월2일자 검색.

및 부산의 동래상인(내상)을 단연 꼽을 수 있었다.[68] 그런데 공무역, 개시무역과 함께 큰 규모로 확대되었던 것이 잠상潛商들이 활약한 밀무역이었다. 그 규모를 정확히 추산하기는 어렵지만 역대 명재상으로 알려진 이덕형(1610년)[69], 이항복(1612년)[70] 등이 연이어 잠상이 발생하는 근본적인 원인을 제거하기 위해 금수품을 해제하자고 주장하였다. 그러나 사헌부의 반대 논리에 부딪혀 성사되지 못하였을 정도로 그 규모와 인원, 범위가 커지고 있었음을 알 수 있다. 조정에서도 '동래와 부산포에 출몰하는 잠상의 무리들로 말하면 반드시 황당하고 교활한 일이 있을 것이다'[71]고 걱정을 할 정도였다. 그러나 잠상의 구조적인 문제를 해결할 근본적인 대책이 마련되지 못한 상황에서 조정이 취할 수 있는 유일한 대책은 동래부사와 부산 첨사의 기찰 강화를 거듭 강조하는 것뿐이었다.[72] 동래상인들의 역할은 왜관과의 상업활동에 그치지 않고 부산지역의 5개 장시場市를 중심으로 그 역할을 확대해 나갔다. 동래 읍내장, 좌수영장, 부산장, 독지장, 하단장 등 지역별로 분포해 있었던 장시들은 날짜를 달리해가면서 열렸기 때문에, 부산지역 전체로 봐서는 한 달 내내 열리고 있다고 해도

---

68) 변광석, 「무역으로 큰돈 번 동래상인」, 『시민을 위한 부산역사』, 선인, 2003, 122-124쪽.
69) 『광해군일기』 권26, 2년 3월 6일(임오).
70) 『광해군일기』 권50, 4년 2월 6일(신미).
71) 『광해군일기』 권114, 9년 4월 3일(정유).
72) 장경준, 「17세기 초 동래부사의 일본 인식과 외교 활동」, 『조선시대 통신사와 부산』, 부산박물관, 2015, 233쪽.

과언이 아니다.[73] 이들 장시에서 상권을 주도했던 동래상인의 역할은 매우 컸다.

동래상인의 전통은 왕조의 몰락과 외세에 의한 격랑의 근대 이후에도 그 정신적 뿌리가 이어져 왔다. 그 대표적인 사례가 부산을 기반으로 사리私利보다는 대의大義를 위하여 자기를 버리고 기업 활동을 통해 근대 부산의 주춧돌을 낳은 박기종과 안희제의 정신과 활동이 상징적이다. 박기종(1839~1907)은 동래상인의 후예이자, 대마도와 무역을 주도하던 8명의 상인조직인 팔상고八商賈를 드나들며 상업을 익혔다. 수신사로 일본을 방문하는 일행의 통역관으로 수행한 그는 세상의 문물을 익히며 어장경영, 수출입상의 도산매, 해운회사, 개성학교 설립 등을 통해 부산의 근대적 상업화 기틀을 닦았다. 이를 바탕으로 객주와 중개업자들을 중심으로 민족상인의 조직화를 도모하였다. 또한 부산 최초의 하단철도 추진을 통한 민족자본의 결집 시도 등 끊임없이 근대적 상업도시의 기틀을 잡는 데 전력투구하였다.

한편 부산에서 나름 규모를 가진 최초의 근대적 민족기업을 일군 안희제(1885~1943)도 주목해야 한다. 그는 백산상회를 설립하여 영남지역의 대지주들을 규합하여 대규모 무역회사를 운영하였다. 그러나 이는 표면상으로 일제의 눈을 피하기 위한 것이다. 실제로는

---

73) 동래 읍내장은 2, 7일, 좌수영장 5, 10일, 부산장 4, 9일, 독지장 1, 6일, 하단장 5, 10일에 열렸다. 박재환 외, 『부산의 장터』, 부산연구원, 2007, 41쪽.

박기종 선생 모습 ⓒ부산시립박물관

상리商利 기관으로 가장한 독립운동의 연락과 자금공급을 목적으로 하는 회사였다.[74] 나아가 만주 일원에 농장을 운영하면서 국권회복을 위한 근거지를 구축하기도 하였다. 이처럼 그는 끊임없이 독립과 경제적 자주를 달성하기 위한 과감한 도전을 시도하였다. 그의 선견지명을 통해 백산상회라는 울타리 속에 모여 대의를 추구하고자한 결과 윤상은, 윤인구 부자 등 토착 민족 자본가들이 결집되었다. 그들의 노력으로 오늘날 국립부산대학교가 설립되는 등 부산지역 육영, 교육기반 형성에도 큰 영향을 미쳤다. 이들의 활동과 기업가정신은 개척자정신, 저항정신, 희생정신으로 요약할 수 있다. 더욱 중요한

---

74) 신규성, 「한말과 일제하의 부산기업인의 사상과 기업가정신」, 『21세기를 향한 부산정신의 모색』, 석당전통문화연구원, 2000, 283-341쪽.

것은 새로운 시대적 변화에 능동적으로 대응하면서 대의를 추구하였
다는 사실이다. 특히 동래상인들을 주축으로 하되 지역의 원로들과
동래부사까지 같이 어울렸던 이른바 근대 초기 협치 조직이라고 할
수 있는 동래기영회東萊耆英會도 의미가 크다. 1846년에 만들어져 개
양학교開楊學校, 동명학교東明學校, 동래고보東萊高普 등 다양한 육영사업
을 통해 동래의 정신을 오늘날까지 면면히 이어오고 있다.[75]

동래기영회가 관리하고 있는 동래 장관청將官廳 모습

---

75) 동래기영회, 『동래기영회 140년사』, 동래기영회, 1984; 동래기영회, 『동래기영회 170년   사』,
동래기영회, 2016.

3. 400년 성신교린의 메신저, 통신사

부산은 통신사가 일본으로 떠나는 조선의 마지막 땅이자, 일본에서 돌아올 때 첫발을 딛는 첫 땅이었다. 이 통신사의 기능과 역할도 상업도시 부산의 형성에 큰 영향을 미쳤다. 조선 후기에 차왜가 부산에 오고, 통신사가 부산에서 출발하는 것은 부산에만 왜관이 있었기 때문이다. 왜관과 통신사는 불가분의 관계를 맺고 있었다. 왜관과 통신사는 시공간적으로 부산에서 만나고 있었다. 이런 부산의 장소성은 동래부 동헌 앞의 대문에 걸린 '교린연향선위사交隣宴餉宣慰使'라는 현판의 글씨에서 그 역할을 단적으로 알 수 있다. [76]

동래부 동헌 입구 모습

---

76) 왜와 외교할 때 사신을 접대하는 관아라는 뜻을 나타내는 현판이다. 김동철, 「통신사와 부산」, 『조선시대 통신사와 부산』, 부산박물관, 2015, 218쪽.

조선시대 근 400년간(1413~1811) 한국과 일본을 오갔던 통신사 (通信使)의 일본으로 가는 출발지는 그냥 스쳐 지나가는 곳이 아니었다. 조선으로 건너온 도착지도 그냥 스쳐 가는 곳이 아니었다. 왕조실록에 통신사와 관련한 부산과 동래에 관해 102건의 기사가 나온다. 이들 중에 눈에 띄는 것은 규모에 따라서는 500여 명이 넘는 통신사 행렬들의 뒷바라지와 이를 위한 서민들의 노역, 물자공급 등으로 인해 부산 지역사회의 상업적 변화에 많은 영향을 미쳤다는 것이다. 통신사의 파견과 관련하여 부산지역에는 다양한 물자 및 인력공급을 위한 소위 '상업적 물류체계의 발전'이 이루어졌다. 그러나 중세 왕조시대의 특성상 이러한 상업적 물류화가 순탄하지만은 않았다.

"

통신사의 일행이 모두 5백여 인이었고 대동한 편비(褊裨)들은 모두 문벌이 있는 이름 난 무관(武官)들을 선발하였으며 기예(技藝)를 지닌 백공(百工)들이 다 따라갔는데, 홍계희가 강력하게 제지하지 않았고 또 만 리(萬里) 먼 길을 수행한다 하여 차마 법으로 다스리지 않았기 때문에 무관들이 교만 방자하여 멋대로 행동하였고 또 주장(主將)이 관대하게 대하는 것을 믿고서 도착하는 곳마다 횡포를 부림에 있어 돌아보아 꺼리는 것이 없었다. 홍계희 등이 부산(釜山)에서 4개월 동안 머물고 있었는데, 70고을에서 돌려가며 이들을 지공(支供)하느라 온 도내(道內)가 말할 수 없이 피폐되었고 열읍(列邑)이 거의 몇 해 동안 소복(蘇復)되지 못하였다[77]

"

통신사 일행이 부산에 머무는 기간은 짧게는 16일, 길게는 79일이었다. 사행원에 대한 지공(支供)은 경상도 70개 군현이 번갈아 분담하였다.[78] 부산지역 주민들이 중심이 되어 가가(假家) 설치, 물자공급 등 이른바 물류의 최첨병 역할을 하는 것은 어쩔 수 없었다. 이런 과정이 부산지역의 물류 경제의 씨앗을 형성하였다. 또한 당시 통신사 일행이 머물면서 부산의 여러 명승지를 관광하기도 하였다. 이 과정에서 부산의 대표적 절경인 해운대의 주민들이 이들 통신사 일행의 관광을 위하여 어떤 부담을 하였는가도 문서에 상세히 남아있다.[79] 물론 이는 당시 경제 시스템보다는 공역과 노역 중심의 중세 경제체제로 인해 서민들의 과중한 부담이라는 사회문제를 가져왔다. 그러나 지역사회에 긍정적 영향이 결코 적지 않았다. 통신사 인원 500여 명 중에 100여 명은 부산 사람들이 수행하였다.[80] 이를 통해 부산사람들에게 안목과 새로운 시야의 개방이라는 큰 영향을 미쳤을 것이다. 또한 고을 수령이 사적으

---

77) 『영조실록』 68권, 영조 24년 윤7월 30일 임오 1번째 기사 1748년 청 건륭(乾隆) 13년.
78) 김동철(2015), 앞의 논문, 222쪽.
79) 해운대구청, 『海雲臺區誌』 해운대구청, 1994.
80) 김동철(2015), 앞의 논문, 219쪽.

로 여는 사연(私宴)과 국가에서 공적으로 여는 사연(賜宴)으로 열리는 전별연은 부산사람들에 큰 구경거리이자 지역 경기를 활성화하는 중세적 큰 이벤트였다.[81]

또한 통신사는 통상 6척의 배를 타고 갔는데 경상우수영(통영)에서 4척, 재송포 등 경상좌수영(부산)에서 2척을 만들었다.[82] 이를 통해 오늘날 부산이 조선기자재산업으로 발전할 수 있는 역사적 뿌리가 바로 여기에서 시작된다고 해도 무리가 아닐 것이다.[83] 나아가 통신사가 가지는 성신교린의 가치와 문화교류가 가져온 사회문화적 영양도 컸다. 통역관, 화가, 문인 등 다양한 부산지역 인재들이 통신사에 지원, 참여하는 가운데 문화적 저변을 넓히는 중요한 계기가 되었다. 특히 변박[84]같은 걸출한 화가의 탄생은 통신사가 큰 계기가 되었다. 뿐만 아니

---

81) 위의 논문, 219쪽.

82) 위의 논문, 220쪽.

83) 지금은 센텀시티라는 첨단도시로 탈바꿈한 해운대구 재송동 일원이 조선시대 재송포구로서 좌수영의 선박건조지였다. 그 근처에 조선골이 있어서 그곳에서 전함이나 수송선의 수리, 포구의 소형 어선 건조, 사창의 운반선 건조 등을 하였다. 김해창 외, 『재송마을 이야기』, 부산연구원 부산학연구센터, 2019, 21쪽.

84) 변박(卞璞)은 동래부에서 태어나 무청(武廳)의 최고직인 장관청 천총(千摠), 별군관청 행수(行首), 수첩청 별장(別將) 등을 역임하였다. 1763년에서 1764년에는 일본에 가는 통신사행에 참여하여 화가로서 많은 활동을 하였다. 통신사행의 최고 책임자인 조엄(趙曮)이 그의 재능을 알아보고 동행하도록 하였다. 일본 사행 길에 새로운 문물을 보고 그림을 그려 자료로 남기고, 또 청견사(淸見寺) 등 유명 사찰에 머물 때 현판의 글씨나 그림 및 시문 등을 많이 남겼다. 현재 일본 시즈오카 현[靜岡縣]의 청견사에 변박이 지은 오언 율시 「제청견사용전운(題淸見寺用前韻)」이 남아 있다. 네이버지식백과 〈변박〉, 2019년 3월 6일 검색; 부산박물관, 『조선시대 통신사와 부산』, 부산박물관, 2015.

동래부에 도착한 일본 사신맞이 모습 ⓒ국립중앙박물관.

조선통신사 행렬도 ⓒ부산시립박물관

라 통신사 활동을 통해 이의양, 이시눌, 변지한, 진동익, 김의신, 김유성 같은 스타급 화원들이 배출되기도 하였다. 이들은 사행의 일원으로 참여하면서 일본에 화풍을 전파하기도 하고, 일본에서 새로운 기법을 착안하기도 하는 등 문화교류의 첨병 역할을 톡톡히 하였다.[85]

일본에 파견되는 외교사절은 통신사만 있는 것이 아니다. 대마도주가 에도에서 돌아오면 우리나라는 문위역관(問慰譯官)을 대마도에 파견하였다. 1651~1860년까지 209년 사이에 51차에 걸쳐 파견하였는데 그 규모는 89명 정도였다.[86] 동래부사는 이들을 통해 파악한 일본의 구체적 실정을 조정에 보고하였다. 그리고 통신사나 문위역관 뿐만 아니라 일본에서 연례적으로 건너오는 사송무역선인 세견선(歲遣船)도 중요한 민간교류의 루트였다. 연간 20~35척에 이르는 왕래를 통해 이들 왜인들을 접대하고 먹을 양식을 공급하는 과정에서 활발한 상업거래와 민간 차원의 정보교류가 일어났다. 그러나 통신사나 문위역관 파견을 위해 많은 비용이 주로 부산, 경남지역에서 염출되는 과정에서 서민들이 경제적으로 큰 고통을 겪기도 하는 등 부작용이 없지 않았다.[87] 그러나 이러한 힘든 과정에서도 동래주민들은 신의와 의리를 버리지 않았다. 영조도 이러한 환경하에서 성신(誠信)의 중요성을 강조하기도

---

85) 부산시립박물관이 소장하고 있는 이들을 중심으로 한 유네스코 세계유산 기록물로 등재된 조선 통신사 작품들을 참고하면 유용하다.
86) 부산직할시, 앞의 책, 87쪽.
87) 위의 책, 89쪽.

하였다. [88] 이처럼 임진왜란 이후 1607년부터 1811년까지 200여 년간 유지된 조선통신사는 부산의 상업도시 뿌리와는 떼려야 뗄 수 없는 중요한 역사적 배경이 되었으며 문화교류의 영향과 의미가 컸다. 결국 중세시기에 문화를 바탕으로 한 상업교역의 역사적 경험은 오늘날 부산의 정체성과 부산인의 기질에 큰 영향으로 각인되어있다는 것을 넉넉히 짐작할 수 있다.

2. 이별과 별리의 일상화

자그만 포구 시절부터 대규모 상업항으로 발전하는 수백 년의 역사 속에서 부산사람들에게 헤어짐과 만남은 곧 일상이었다. 부산의 원지(原地)인 동래는 수많은 유배객들의 한숨이 서린 곳이다. 조정과 자신을 버린 임금과 세상을 향한 한을 삭히다가 다시 조정이나 고향으로 돌아가는 그런 유배지였다. 고려 의종 때 동래로 유배를 왔던 정서(鄭叙)는 동래 유배지에서 임금을 향한 절절한 마음을 담아 불후의 가요를 남겼다. 그는 거제도로 유배지를 옮겨갔으나 이내 조정에 다시 등용되어 개경으로 돌아간 것으로 알려지고 있다.

---

88) 동래부 관리들에게는 땔감 같은 작은 물건을 주고받더라도 속이고 약속을 저버리는 일이 없도록 주지시켰다. 서인범(2019), 앞의 책, 59쪽.

조선시대에 수많은 관리들이나 조정대신들이 동래로 유배를 왔다. 조선왕조실록에 나타난 동래 기사 원문 1,947건(국문 1,794건) 중 1/4 이상이 유배와 귀양에 관한 내용이다. 일식의 예측을 잘못한 서운관 부정 박염을 동래로 귀양 보내는 것을 시작으로,[89] 절의 토지와 노비를 줄인 것을 비방한 윤제 등을 유배 보내고,[90] 대사헌 박은 등을 논핵한 좌사간 대부 안속, 이종화 등 간관들이 귀양 온 곳도 바로 동래였다.[91] 일례로 조선 태종조 18년 동안 왕조실록에 실린 동래 관련 기사의 21건 중에 4건이 동래로 귀양 보내는 기사로 실려 있을 정도이다.

조선왕조가 기울어가고, 일본이 제국주의적 야망을 키우던 조선말 일본은 1876년 강화도조약을 통해 부산 등 3개 포구를 강제로 개방시켰다. 이른바 근대개항 최초의 역사가 시작된 곳도 바로 부산이다.[92] 이 항구를 통해 수많은 일본인들이 조선식민지 개척의 야욕을 갖고 들어온 곳이 부산항이었다. 또한 우리나라 젊은이들이 도항증 검색과 몸수

---

89) 『태종실록』, 11권, 태종 6년 6월 6일 갑자 2번째 기사 1406년 명 영락(永樂) 4년.

90) 『태종실록』, 11권, 태종 6년 6월 19일 정축 1번째 기사 1406년 명 영락(永樂) 4년.

91) 『태종실록』, 16권, 태종 8년 10월 12일 병술 1번째 기사 1408년 명 영락(永樂) 6년.

92) 부산의 근대개항의 의미를 짚어보기 위해서는 다음의 자료들을 참고할 필요가 있다. 박원표, 『개항 90년: 부산의 고금 시리즈 제2부』, 태화출판사, 1966; 부산일보사, 『개항 백년: 부산사의 재조명』, 부산일보사, 1976; 부산직할시, 『개항백년』, 부산: 부산직할시, 1976; 부산광역시립중앙도서관 향토자료실, 김한근(부경근대사료연구소), 내 사랑 부산자료 모음집 제10호, 『옛 사진으로 답사하는 근대 부산 100년(근대 개항에서 1970년대까지)』, 부산광역시립중앙도서관, 2011; 부산광역시 중구, 『부산 개항 121년과 함께 사진으로 보는 중구 반세기』, 부산광역시 중구, 1997; 김재승, 『기록사진으로 보는 부산 부산항 130년』, 부산광역시 중구, 2005; 부산근대역사관, 『근대 부산항 별곡』, 부산근대역사관, 2016; 김승 양미숙 편역, 김한근 사진, 한국해양대학교 국제해양문제연구소 편, 『신편부산대관』, 선인, 2011.

색이라는 수모를 거치면서도 관부연락선(關釜連絡船)을 타고 일본으로 신문물을 배우러가는 이별이 일상화된 곳도 부산항이었다.[93]

부산과 일본을 오가던 관부연락선 모습을 담은 우편엽서 ⓒ부산시립박물관

---

93) 부산과 시모노세키를 오가던 이 연락선을 주로 이용하여 부산과 일본을 오간 여객 수는 1910년대
에는 14만 여 명이던 것이, 1934년경에는 76만 여 명으로 증가하였다. 송규진 외, 『통계로 본 한
국근현대사』 아연출판부, 2004, 277쪽.

장세정의 〈연락선은 떠난다〉(1937년), 남인수의 〈울며 헤진 부산항〉(1940년) 등 부산을 배경으로 하는 무수한 대중가요의 가사에도 그 시절의 이별과 헤어짐의 애조가 녹아있다. 일본의 패망으로 조국이 해방되자 일본으로 강제동원 당한 노무자들을 비롯한 귀환동포들이 부산항을 통해 물밀듯이 밀려 들어왔다. 일본, 중국, 만주, 대만 등에서 120만 명이 넘는 동포들이 해방되는 1945년 8월부터 1946년 12월에 걸쳐 귀환하였다. 그중 대부분은 고향으로 돌아갔으나 상당수의 귀환동포들이 부산에 눌러앉기도 하였다. [94]

특히 한국 전쟁기에 부산은 1,023일 동안 피란수도였다. 전쟁 통에 부산으로 몰려든 수많은 피란민들의 이별과 만남에 대한 애끓는 바람은 피란생활의 애환과 함께 수많은 흔적과 장소로 남아있다. 아미동 비석마을, 우암동 소막마을, 당감동 아바이마을, 영도 흰여울마을 등 부산지역 40여 개소에 피란민들의 거처로 지정된 곳에는 이별의 한과 만남의 기대가 교차한 삶의 공간이었다. 국제시장, 부평시장, 봉래시장 등 시장에도 만남과 이별의 사연들이 넘쳐났다. 무엇보다 영도다리 밑은 헤어진 가족을 만날 수 있을까 하는 막연한 기대 속에 피란민들을 서성이게 만든 명소가 되었다. 이와 같은 고향을 떠난 별리의 아픔과 이별의 애타는 마음은 대중가요에 고스란히 남아있다. 현인의 〈굳세어라 금순아〉(1952

---

94) 일본 111만 명, 중국 5만 9천 명, 만주 1만여 명 등 대부분 일본의 강제징용 귀환동포들이 주를 이루었다. 위의 책, 395쪽.

년), [95] 손인호의 〈해운대 엘레지〉, 〈이별의 부산항〉(1954년)으로 그 별리의 정조와 가락은 구슬프게 퍼졌다. 전쟁이 끝나자 많은 피란민들이 부산을 서둘러 떠나게 되었다. 1953년 휴전이 되고 전쟁이 멈추면서 피란의 신산한 삶을 뒤로하고 만남과 헤어짐이 공존하는 부산역에는 귀환하는 피란민들이 장사진을 이루었다. 사연 많고 한 많았던 피란생활을 뒤로 하고 정들었던 부산을 떠나는 회한을 담은 남인수의 〈이별의 부산정거장〉(1954년) [96]은 떠나는 자와 남은 자의 쓰라림을 절절히 표현하고 있다.

남인수의 「이별의 부산정거장」 레코드 표지 ⓒ부산시립박물관

---

95) '금순아 보고 싶구나 고향 꿈도 그리워진다 영도다리 난간 위에 초생달만 외로이 떴다'는 가사를 통해 실향의 애환과 만남의 기대를 최고조의 애조로 표현하고 있다.

96) '잘 가세요 잘 있어요 눈물의 기적이 운다'라는 가사에서는 피란민과 원주민 간의 헤어짐과 아쉬움의 정수(精髓)를 표현하고 있다.

전쟁이 끝나고 재건과 복구의 분주함 속에서 부산은 대한민국의 산업화와 수출이라는 중요한 역할을 맡았다. 그 실행 방법의 한 축은 신발, 목재, 봉제, 완구, 합판 등 경공업 중심의 제조업 공장을 통한 '구심적 방법'이었다. 지역사회는 전국의 근로자들을 부산으로 모아서 노동인력으로 활용하였으며, 전국에서 몰려든 당사자의 입장에서는 자연스럽게 부산에서 결혼하고 정착하며 살아가는 부산인으로 정착하게 되었다. 아직도 신발, 봉제공장이 집중되었던 부산 북구, 사상구, 사하구 일원에는 전라, 충청, 경북지역 출신들이 많다. 뿐만 아니라 사상 시외버스터미널에서 출발하는 시외버스 행선지가 유독 이들 지역의 이름까지 생소한 소도시의 읍면까지 경유하는 버스가 많은 이유도 그러한 역사적 배경과 관련이 있을 것이다.

부산이 맡은 역할을 실행하는 다른 한 축은 원양어선, 수출 등 머나먼 타국으로 진출하는 '원심적 방법'이었다. 제조업보다 힘들긴 하지만 당시 높은 환율로 인해 고소득을 꿈꾸었던 젊은이들은 원양선, 수출 등 해외업무를 꿈꾸며 부산으로 몰려들었다. 딱히 누가 있어서가 아니라 무작정 배를 타겠다는 일념으로 논밭 판 돈 보자기를 꼭꼭 싸매고 부산으로 왔던 것이다. 따라서 당시 부산은 도전적인 젊은이들의 꿈의 도시였다. 그러나 현실은 배를 타고 짧게는 한두 달, 길게는 1~2년 동안 집을 떠나 망망대해에서 생활하거나 낯선 도시 이곳저곳을 다녀야 하는 고달픈 삶의 출발지였다. 또한 30여만 명의 월남(베트남)파병용사들이 비장한 군가 소리를 남기며 떠나고 돌아오거나 혹은 불귀의 객이 되어 돌아오지 못했던 한(恨)을 남긴 곳이 바로 부산항이다.

한국전쟁기 피란민들의 부산으로의 유입이 전쟁이라는 절대 조건을 피한 '생존형 유입'의 과정이었다면, 1960~80년대까지의 산업화, 수출, 파병 등을 위한 유입은 부산이라는 꿈의 도시를 향한 '생계형 유입'이라고 볼 수 있다. 그 결과 1955년 100만 명 내외였던 부산 인구는 1980년에 300만 명을 상회하면서 3배 이상 증가하였다. 당시 인구증가 정책의 영향도 컸지만, 상당수는 외부인구 유입과 정착의 결과라고 볼 수 있다. 이처럼 남부여대(男負女戴)하며 정든 고향을 떠나 이향(離鄕)의 물결을 이루며 생계와 꿈을 향해 몰려든 부산은 당시 힘든 여건 속 대한민국의 또 다른 엘도라도였을 것이다. 수많은 이향민들의 꿈과 바람으로 직조된 부산이라는 도시는 이제는 이별과 헤어짐이 직접적으로 일어나는 공간에서 그 이향의 바람을 충족시켜야 하는 도시적 사명을 갖게 된다. 이는 곧 이향의 도시에서 정착의 도시로의 거대한 전환을 의미한다. 1980년대 중반부터 경공업 중심의 부산의 산업구조는 심대한 위기를 겪게 된다. 경소단박(輕小短薄)의 산업구조로 전환하는 세계적 산업구조 변화에 부산은 속수무책이었다. 한때 20% 이상을 점했던 전국에서 차지하는 부산제조업의 비중은 급전직하의 과정을 겪게 된다. 동명목재, 국제상사, 삼화고무 등 전국적 명성을 구가했던 제조업의 뿌리가 흔들리면서 이들만 바라보고 전국에서 모여들었던 이들도 하나 둘씩 떠나는 또 다른 이향의 도시가 되었다. 이른바 원심적 이향의 도시가 되어버렸다. 이향민을 흡수하던 도시에서 이제는 타지로의 이향민이 늘어나는 도시가 되어버린 것이다.

3. 배제가 구조화된 변경도시

변방은 견디며 흔들리며, 견디며 꽃피고, 견디며 울부짖는 고통과 즐거움이 있다.[97] 이 처연한 역설처럼 부산의 변방성은 끊임없이 중앙으로부터의 배제와 핍박, 일본으로부터의 침략 속에서 부산의 정신과 부산사람의 기질에 내재화되어왔다.

부산의 출발은 거칠산국(居漆山國)과 장산국(萇山國)에서 시작된다. 5세기경까지만 해도 부산은 역사적으로 가야와 신라의 변경지역에서 나름대로 독자적인 고대국가의 문화를 꽃피워 왔다. 그때까지만해도 부산지역은 신라의 해상진출의 통로였다. 뿐만 아니라 김해의 금관가야를 포함한 넓은 지역이 철기문화의 중심지로서 일본과의 활발한 교류활동의 거점이었다. 즉, 신라와 가야의 변경성을 적극적으로 활용하면서 당시로써는 첨단적인 철기생산과 해외수출입을 주도한 '고대의

---

97) 최영철, 「변방의 즐거움: 시를 위한 산문」 도요, 2014.

실리콘밸리' 지역이라고 해도 과언이 아니다. 그러나 가야세력의 멸망과 신라가 삼국을 통일하면서 신라 경덕왕(757년)시기에는 부산지역의 고대국가인 거칠산국과 장산국은 동래현(東萊縣)과 동평현(東平縣)으로 신라의 행정편제 안으로 편입된다. 이때부터 부산의 위상은 신라의 군사적 점령지, 변방의 군사기지로 전락하게 된다. 더군다나 그 이후 고려왕조의 출범이 개경호족을 중심으로 이루어진다. 후백제의 통치 범위 내에 있던 부산지역은 단순히 변방지역에서 나아가 고려정권에 반항한 천민지역으로 낙인이 찍힌다. 부산지역 4개의 부곡의 존재가 바로 이러한 역사적 흔적 중의 하나다. 특히 '부산부곡(富山部曲)은 곧 부산(釜山)'이라는 문구는[98] 여러 논의의 출발점이 된다. 이는 부산이라는 지명이 과연 어디에서 출발하는가 하는 최근의 수많은 논란의 출발점이다.[99] 뿐만 아니라, 고대로부터 중세를 가로질러 오늘날까지 이어지는 부산이 지니는 변방성의 출발점이다.

이후 조선시대에도 부산은 조정 한양에서 가장 먼 곳이었다. 먼 곳이란 한양에서 보았을 때 동래는 동남쪽으로 가장 먼 곳에 위치한 고을이란 뜻이었다. 즉 조선시대에는 한양을 중심으로 동서남북과 동북, 동

---

98) 고지도부곡(古知道部曲)은 즉 고지도(古智島)를 말한다. 조정(調井) 부곡은 북쪽으로 20리이고, 형변(兄邊)부곡은 부의 남쪽 해안이고, 부산(富山)부곡은 곧 부산포(釜山)이며, 생천향(生川鄉) 현의 남쪽 20리에 있다. 이행 외, 『신증동국여지승람 제23권, 경상도편』, 고적조항, 한국고전번역원, 한국고전종합DB.

99) 부산이라는 지명의 한자 표기가 언제부터 부산(富山)에서 부산(釜山)으로 바뀌게 되었으며, 또한 그 지명변화의 근거가 되는 장소가 되는 승산(甑山)의 정확한 위치에 대한 논의 등이다.

남, 서북, 서남 방향 등 여덟 방향으로 가장 먼 8곳을 지정했는데, 동래는 한양에서 동남 방향으로 가장 먼 곳에 있는 고을로 인식되었다.[100] 조선 초 부산 동래 일원을 두루 살펴본 신숙주가 남긴 부산의 인상과 이미지가 조선시대 전반을 관통하는 부산의 이미지로 형성되었다고 해도 과언이 아니다. 신숙주는 동래성의 북문에 위치한 누대 이름을 '먼 곳을 안정시키는 누대'라는 뜻으로 정원루(靖遠樓)라 명명하였다. 그는 '정원루기(靖遠樓記)'에서 동래를 '오래된 고을로서 지세가 바다에 연접해 있고, 대마도와 가장 가까워 연기며 불빛까지 보이는 거리니, 실로 왜인이 왕래하는 요충지이다'라고 하였다. 그런 이미지에서 동래의 기능을 남해안 안정 또는 왜인 진압의 고을로 연상한 것이라 하겠다. 그런데 동래에 대한 이런 이미지는 신숙주에게만 있었던 것이 아니라 조선시대 양반 관료들에게 보편화된 이미지였다.[101]

게다가 조선시대 풍수사상을 관통했던 계거(溪居)중심 지리사상으로 인해 부산은 한마디로 살만한 곳이 못되는 곳으로 여겨져 왔다. 우리나라 인문지리학을 개척한 이중환도 부산을 표현하기를 '대구 동남쪽에 이르는 지역세는 여덟 고을이 있는데, 토지는 비옥하지만 왜국(倭國)과 가까워 살만 한 곳이 못 된다'[102]고 하였다. 조선왕조실록에도

---

100) 신명호, 「조선시대 地理志 項目과 부산 이미지」, 『동북아문화연구』 25, 동북아시아문화학회, 2010, 153쪽.
101) 위의 논문, 154쪽.
102) 이중환 안대회 외 옮김, 『완역 정본 택리지 이중환, 조선 팔도 살만 한 땅을 찾아 누비다』, 휴머

'동래는 연해의 큰 진이고 왜인이 모이는 곳',[103] '경상도의 남해와 동래는 대마도와 서로 바라보고 있으므로 왜적이 가장 먼저 침입하는 땅',[104] '동래부는 바다의 문호가 되는 곳',[105] '부산은 남쪽 변방의 문호이며 적이 쳐들어오는 길목'[106] 등으로 오직 왜국과의 관련성을 중심으로 지역 이미지가 형성되어 있었음을 알 수 있다.

조선시대 전반에 걸쳐 조정에서 볼 때 부산은 일본과 관련하여 가장 골치 아픈 도시이자 긴장의 도시였다. 그 긴장이 오죽했으면 1600년부터 1877년까지 동래부사를 역임한 206명 중 왜관이나 왜정(倭情)과 관련해 징계를 받은 자가 53명이나 된다.[107] 임기를 마친 부사가 10여 명에 불과하고, 1년도 채우지 못하고 해임된 부사가 60여 명을 넘었다.[108] 결국 동래부사 4명 중 1명은 왜관이나 일본인 관리 문제, 일본과의 관계 등 광범위한 일본이나 일본인과의 관계, 밀무역 단속 등의 문제로 문책을 받는 등 부산과 일본과의 관계는 때래야 뗄 수 없는 관계였다. 이러한 흐름들은 동래와 부산포를 중심으로 성리학을 바탕으로 사

니스트, 2018, 87~88쪽. 여기에서 나아가 대마도와 일본은 축축하고 습한 지역이라 장독(瘴毒)이 많은데 부산도 그 가까운 곳이라 살기 힘든 곳임을 암시하고 있다.

103) 『성종실록』권 201, 18년 3월 18일.

104) 『세종실록』권 54, 13년 11월 19일.

105) 『선조실록』권 168, 36년 11월 22일.

106) 『광해군일기』권 39, 3년 3월 18일.

107) 양흥숙, 「조선후기 동래 지역과 지역민 동향 : 왜관 교류를 중심으로」, 부산대 박사학위논문, 2009, 51~53쪽.

108) 서인범, 『통신사의 길을 가다: 전쟁이 아닌 협상으로 일군 아름다운 200년의 외교 이야기』, 한길사, 2018, 60쪽.

농공상의 직업적 가치관에 익숙해있던 부산인들에게는 복잡한 심리적 영향을 미쳤을 것이다.

조선시대 지리지 등에서 전반적으로 드러나는 동래의 자연·지리적 이미지는 땅은 기름지고, 기후는 따뜻하고, 바다에 연접한 고을이고, 대마도와 가까운 고을이고, 왜인이 왕래하는 요충지이고, 바다의 문호가 되는 고을이라는 여섯 가지로 정리할 수 있다.[109] 이미지가 이렇다보니 영남 북부지역 어르신들은 부산이라고 하면 아직도 하도(下道), 갯가, 뻘가 지역으로 인식한다. 나아가 부산사람에 대해 상스럽고, 뱃사람, 고기비린내 나는, '왜놈' 비슷한 사람으로 사석이나 비공식적 자리에서 비하하는 경우가 있다.

---

109) 신명호(2010), 앞의 논문, 153-154쪽.

출전	마을(면)	戶數
자연적 항목	자연 지리의 특징	첫째 땅은 기름지다. 둘째 기후는 따뜻하다. 셋째 바다에 연접한 고을이다. 넷째 대마도와 가까운 고을이다. 다섯째 왜인이 왕래하는 요충지이다. 여섯째 바다의 문호가 되는 고을이다.
	자연 생산물의 특징	첫째 陸産品은 땅이 기름지고 기후가 따뜻한 동래, 기장의 산과 평야의 생산물이다. 둘째 海産品은 동래, 기장에 연접한 바다의 생물이다. 셋째 경상좌수영의 진상은 왜인이 왕래하는 요충지 동래에 주둔하는 좌수사의 예물이다. 넷째 동래의 '왜헌진상(倭獻進上)'은 바다의 문호인 동래에서 왜인으로부터 거둔 예물이다.

조선시대 지리지(地理誌)에 나타난 동래의 이미지
자료: 신명호, (2010), 앞의 논문, 156쪽.

　최근 부산사람들에 대한 느낌과 인상을 얘기하라고 하면 가장 많은 술어들은 거칠다, 투박하다, 시끄럽다, 무뚝뚝하다, 실속이 없다, 의리가 있다, 듬직하다, 화끈하다, 솔직하다, 재기가 많다 등이 떠오를 것이다. 그에 따른 도시적 이미지와 관련한 기질적 특성으로는 개방성, 포용성, 서민성, 혼종성, 교류성, 쾌적성, 의리성, 해양성, 잡연성, 집단성, 저항성, 대중성 등을 많이 들게 된다.[110] 이제 이

---

110) 차철욱 외, 『부산미래가치를 말하다』, 부산발전연구원 부산학연구센터, 2013.

러한 부산과 부산사람들에게 씌워진 역사적 이미지의 실체와 본질에

체계적으로 접근할 필요가 있다.

부산인에 대한 이미지 워드클라우드.

4. 부산의 역사가 만든 의리와 저항정신

전통적으로 유교적 직업관은 사농공상士農工商으로 그 귀천을 가려왔다. 즉 상업적 활동을 가장 천하게 여겨 왔던 것이다. 이러한 가치 환경 속에서 부산은 지정학적 여건과 특성을 배경으로 조선시대 이래 상업도시로 발전해 왔다. 이런 과정에서 부산인들이 가졌을 의식의 양가성ambivalence을 충분히 짐작할 수 있다. 또한 정착농경사회를 배경으로 하는 성리학의 가치관은 헤어짐과 만남이 일상화되는 포구마을을 근저로 하는 부산사람들의 생활윤리를 규정하기에는 현실적합성이 낮은irrelevant 윤리 덕목이었을 것이다. 그러나 삶은 흘러가는 것이기에 부산사람들은 나름대로 적응하면서 그에 따른 문화와 기질을 발전시켜왔을 것이다. 이것이 바로 상업도시 환경 속에서 끊임없이 헤어짐과 만남이 교차하는 항구도시 사람들이 중요하게 여긴 가치관이자 지역적 기질인 의리를 지키는 것이었는지도 모른다.

별리와 이향이 일상화되는 과정에서 허공 속에 흩어지는 말들이나 실언失言의 헛헛함을 어느 곳보다 뼈저리게 체득한 도시가 바로 부산인 것이며, 그 허망함을 체화할 수밖에 없었던 것이 부산인이었다. 또한 상업적 잇속과 계산이 횡행하는 상업도시에서 그나마 지켜야 할 최소한의 도덕률에 대한 필요성을 누구보다도 절실하게 느꼈을 것이다. 따라서 말보다는 행동을, 부재보다는 현존을, 어김보다는 지킴을, 떠남보다는 만남 그 자체에 의미를 누구보다도 더 두고 싶은 도시적 환경이 의리義理 중시의 지역적 배경이 되었다고 볼 수 있다.[111] 이는 막연한 다음번의 헛된 기약보다는 현재의 약속이 더 중요하다는 인식으로 이어지게 된다. 한국인 전체의 문화가 가지는 내세보다는 현세 중심적 가치와 문화가 극명하게 구현되는 곳이 바로 부산이라는 공간이다. 또한 변경도시의 숙명적 여건은 믿을 구석 없는 한계상황으로 수시로 몰리는 역사적 경험의 연속이었다. 왜구의 침탈로 속수무책 당하고, 임진왜란, 정유재란의 전란으로 쑥대밭이 되어도 안위를 지켜 줄 사람은 아무도 없었다. 특히 조선 초기 짧은 시기 사림士林의 중앙 진출을 제외하고는 반역향反逆鄕과 유배지流配地의 굴레 속에서 배태된 반골기질은 저항기질의 원초적 원형질이 되었다. 일제에 의한 강제 개항과 일제강점은 어느 도시보다 일본과 가장 가까운 도시로서 대규모 일본인의 이주와 경제적 지배가 집중되어 수탈의 가혹성과 무단통치의 고통이 어느 도시보다 컸다. 그렇다 보니 독립과 저항의 몸부림이 생활화될 수밖에 없었다.

---

111) '형제 떠난 부산항에 갈매기만 슬피 우네', '오륙도 돌아가는 연락선마다 목메어 불러 봐도 대답 없는 내형제여'로 이어지는 조용필의 〈돌아와요 부산항에〉, (1976년)라는 가요에서 그 근대적 이별의 정서와 안타까움은 극에 달한다. 나아가 사직야구장의 공식애창곡이 된 〈부산갈매기〉, (1982년)의 '지나간 일들이 가슴에 남았는데 부산갈매기 너는 벌써 나를 잊었나'로 이어지는 이별과 헤어짐의 문화적 배경은 '세월이 가고 너도 또 가고 나만 혼자 외로이'(〈해운대 엘레지〉, (1958년))의 정조를 배경으로 한다. 그러나 이러한 이별의 한은 '기다리는 순정만은 버리지 마라'(〈잘 있거라 부산항〉, (1961년))라는 인간 의리에 대한 희구로 귀결된다.

이러한 환경은 해방 이후 독재와 반민주적 정치사회구조에 대해서도 치열하고 지속적인 저항을 이어 온 현대적 저항기질의 바탕이 되었다. 특히 최근에까지 이어져 오는 시민적 저항의 원류도시로서 일상생활의 전반에 불의를 참지 못하는 저항의 생활화로 이어져 오는 것이다. 이처럼 오늘날 부산사람들에게 보이는 투박하고 거친 저항적 기질의 근저에는 이와 같은 역사적 흐름들이 지역정신과 기질에 암류하고 있는 것이다. 나아가 비가시적이지만 매우 영향력 있는 사회적 실재實在로서 공동체의 에토스ethos에 투영되고 상감象嵌된 것이다. 역사적으로 상업도시의 일상화된 별리에 생활상으로 대응하는 사회심리적 반응으로 형성된 지역정신이 의리성이다. 다른 한편 관문지역이 가지는 변경성과 피침성被侵性, 배제성에 생존적으로 대응하는 사회조직적 결과가 저항성이다.

결국 부산지역사회라는 공동체가 역사적으로 흘러오고 그 역사의 격랑 속에서 부산사람들이 부대끼며 만들어져 온 부산정신의 특성은 의리성과 저항성으로 집약할 수 있다. 이 두 가지 기질적 특성은 동전의 양면과 같다. 의리를 지향하다보니 저항을 할 수밖에 없고, 저항을 하다 보니 의리를 찾을 수밖에 없었던 것이다. 부산사람들의 의리는 유교적 추상윤리가 아니라 생활상 덕목으로 구체화되면서 사회심리와 생활적 수준의 가치체계로 발전하였다. 이에 비해, 저항은 비판적 대상과 의제에 대한 적극적 안티테제적 인식과 행동에서 출발하였다. 나아가 사회조직적 차원으로 발전하면서 집합적 정신체계로 고착화하였다. 따라서 부산사람들의 정신을 제대로 이해하기 위해서는 의리라는 생활수준level of everyday life의 정신적 특성과 저항이라는 조직수준level of organization의 정신적 특성을 입체적으로 파악할 필요가 있다.

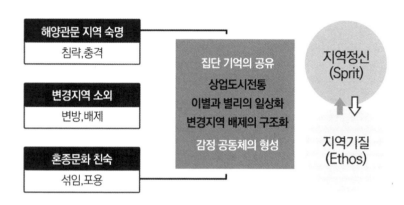

부산정신과 부산인 기질의 형성

상업도시로서 부산의 역사적 경험은 부산 지역사람들의 정신
체계에 큰 영향을 미쳤다. 특히 상업거래의 불확실성을 담보할 수
있는 신의와 신용, 믿음이라는 덕목은 다른 어느 정착지역보다 더
소중하게 요구되는 가치이기도 하였다.

3

감출 수 없는 의리정신

　부산사람들은 의리를 매우 중요하게 여긴다. 성리학적 의리철학
에서 출발하면서도 그 내적 논리에 머물지 않고 상업도시 특유의 생
활 속 의리정신으로 변형하고 체화하여 왔다. 이는 어제오늘 형성된
것이 아니라, 부산의 지리, 인문, 역사적 흐름 속에서 다듬어지고 각
인되어 부산이라는 공동체 속에 하나의 가치체계로 정착되었다. 특
히 가장 큰 영향을 미친 것은 조선시대 이후 남명 조식과 퇴계 이황
으로 상징되는 영남 사림의 의리 전통이 큰 영향을 미쳤다. 특히 부
산의 요체인 동래정신의 핵심은 바로 그 의義를 중심에 놓는 생활적
기풍을 유지해왔다. 부산포정신으로 상징되는 상업성을 유지할 수
있었던 것도 신의와 믿음을 바탕으로 하는 의리정신이었다. 영광과
고난이 교차했던 부산의 역사 속에서 명멸했던 다양한 인물들의 삶

속에서도 이러한 의리정신은 더욱더 다듬어지고 굳어지는 가운데 오늘날까지 전승되어 왔다. 해방 이후 민주화 여정에서도 빛을 발했던 부산사람들의 의리정신은 시민적 연대와 참여의 의미가 부각되는 오늘날에도 자랑스러운 지역정신으로 면면히 이어져 오고 있다.

1. 부산의 의리정신

역사 이래로 바다를 끼고 상업이 발달되었던 도시들의 지역적 기질과 지역민의 특성은 다양하게 나타나고 있으나 신의, 계약, 믿음에 대한 강조를 하고 있는 공통점은 충분히 발견할 수 있다. 특히 중세와 근대 초기에 전 세계 상권을 장악하였던 5대 세계 상권과 그 핵심 도시들에서 이러한 특징은 두드러지게 나타난다. 베네치아, 피렌체를 중심으로 번성하였던 지중해 상권,[112] 이스탄불을 중심으로 화려하였던 오스만 상권, 상파뉴, 플랑드르를 중심으로 활발하였던 북서유럽 노르만 상권,[113] 함부르크, 뤼벡, 브레멘을 중심으로 번영을 구가하였던 한자상

---

112) 세계적 대문호 셰익스피어의 유명한 〈베니스의 상인〉에서 안토니오, 샤일록, 포샤 등이 등장하여 '1파운드 살의 재판'이라는 기본 줄거리는 여러 해석이 가능하다. 그러나 우리는 이교도인에 대한 사회적 단죄라는 전통적 해석보다는, 베니스라는 바다를 낀 상업도시에서 중요한 덕목이었던 신의와 약속을 바탕으로 외양의 모습에 속지 말라는 경구의 메시지로 해석할 수 있다고 본다.

113) 근대에는 이 상권의 범위가 확대되어 바이킹족의 근거지인 스칸디나비아로 확대되어 발전되

권, 오사카, 나고야, 광저우 등을 중심으로 꽃피웠던 동아시아 상권[114] 등의 중심도시들에서 그러한 기질들을 발견하는 것은 어렵지 않다. 중세 상업도시의 발달은 능동적이고 진취적인 자유로운 시민계급의 성장, 계약사상의 출현, 시장경제의 발달 등을 가져왔으며, 이것이 점차 주변의 봉건사회에 퍼져 중세봉건사회를 해체하는 결정적 역할을 하게 되었다는 역사적 사실도 환기할 필요가 있다.

상업도시로서 부산의 역사적 경험은 부산 지역민들에게 정신적 영향을 크게 미쳤다고 볼 수 있다. 특히 상업거래의 불확실성을 담보할 수 있는 신의와 신용, 믿음이라는 덕목은 다른 어느 정착지역보다 더 소중하게 요구되는 가치이기도 하였다. 인간에 대한 믿음과 신뢰의 중세적, 성리학적 표출인 '인'仁과 '경'敬도 궁극적으로는 '사람다움'의 궁극적 이상향을 지향하는 '의리'義理로 수렴되는 것은 당연하다.

그러나 바닷가 상업도시의 역사를 지닌 부산이라는 지역적, 감성적 공동체에서 표출되는 의리라는 정신적 덕목은 구체적 성격을 지

있다. 이들 도시의 특성은 소위 '얀테의 법칙'으로 압축되어 그 기질적 특성이 표출된다. '당신이 더 특별하다고 생각하지 마라', '당신이 남들보다 똑똑하다고 생각하지 마라' 등 10가지의 덕목으로 정리되는 이러한 법칙들은 이들 상업도시의 시민들의 생활적 기질을 이해하는데 큰 도움이 된다. 마이클 부스, 김경영 역, 『거의 완벽에 가까운 사람들: 미친 듯이 웃긴 북유럽 탐방기』, 글항아리, 2018, 123-124쪽.

114) 15-6세기 '천하의 부엌'으로 불렸던 오사카의 경우 도요토미 히데요시 등의 도발적 도전욕과 의리강조를 이어 받았다. 이러한 전통이 이어져 의연한 태도, 자신감, 신용, 신뢰의 핵심덕목을 중시했던 20세기 마스시타 고노스케로 이어지는 오사카, 나고야 상권도시의 특징도 눈여겨 볼 필요가 있다.

닌다. 부산을 대표하는 소설가인 요산樂山 김정한 선생의 금정구 남산 동 요산문학관 입구에 씌어 있는 '사람답게 살아가라'는 문구는 부산 정신을 압축한 말이라 할 수 있다. 이는 사람다운 의리성loyalty be like humankind을 강조하는 것으로서 불의를 보면 참지 못하고, 인간된 도리 를 지킬 것을 강조하는 덕목이다.[115]

요산(樂山) 김정한 문학관의 '사람답게 살아가라'는 문구와 풍경

특히 수많은 사람들이 들고나는 항구도시이자 다양한 사람들이 몰 려들었던 부산에서 생활상 의리를 강조하는 것은 일견 아이러니하다.

---

115) 요산 김정한의 작품 '산거족'(1971. 월간중앙 1월)의 주인공인 황거칠은 학벌도 재력도 없다. 하지만 타고난 정의감과 의리로 똘똘 뭉친 사람이다. 힘없는 서민들과 소외된 자들을 위해 악행을 저지르는 가진 자들에게 맞서 분연히 싸우는 산동네 주인공을 통해 '사람답게 살아가 라'는 사람 덕목의 전형을 그려내고 있다.

감출 수 없는 의리정신

무수히 일어나는 이별의 경험 속에 허공 속에 떠돌아다니고 의미 없이 스쳐 간 약속과 깨어진 언약의 안타까움을 누구보다 많이 겪었던 부산 사람들일 것이다. 따라서 이는 생활 속에서 신의와 의리의 중요성을 누구보다도 절실하게 원했던 집합의식의 결과물일지 모른다.

부산사람들의 의리정신은 역사적으로 상업도시의 이향과 상업 환경 속에서 형성되었지만 근대사의 배경도 중요하다. 일제 강점기에 부두노동하려고 전국 각지에서 몰려든 사람들, 고단한 타국생활을 마치고 돌아온 귀환동포들, 한국전쟁을 피해 전국 각처에서 밀려든 피란민들, 1960~70년대 경제개발기에 신발, 봉제, 목재, 완구 관련 산업 취업을 위해, 외항선을 타기 위해 이곳저곳에서 몰려든 구직자들 등 이향離鄕이 일상화된 항구도시였다. 거슬러 올라가면 1407년 이포 개항[116] 이래로 수많은 사람들이 일본과의 거래, 통신사, 왜관을 통한 다양한 교류는 안정적이고 정착적 삶보다는 끊임없이 만남과 헤어짐이 이루어진 별리別離가 지역민의 정신에 녹아있을 수밖에 없다. 이러한 만남과 이별이 생활화된 상황에서 최소한의 자기 정체감을 공동체 속에서 위안 받으려는 몸부림이 바로 의리에 대한 강조로 나타나지 않았나 싶다.

---

116) 부산포를 중심으로 하는 포구 개항의 역사는 1407년 이포개항(부산포, 제포), 1426년 삼포개항(부산포, 내이포, 염포), 1547년 단일왜관의 형성(정미조약으로 부산에만 왜관 허용), 1678년 부산포 인근의 무역공간인 초량왜관의 이전, 확장, 1876년 강화도에서 병자수호조규 조약체결 전에 부산항에 울려 퍼졌던 일본군함의 함포소리로 이어지는 역사적 연관성 속에서 이해되어야 하는 것이 바람직할 것이다.

또한 좁은 도시에 역사적 고비마다 전국에서 모여든 사람들로 말 그대로 도떼기시장을 이루면서도 서로 배척하지 않고 한솥밥 문화를 이루는 가운데 생존을 위한 덕목으로서도 의리를 강조할 수밖에 없었다. 이는 더 이상 이별과 헤어짐을 하지 말자는 서원誓願의 기대가 심리적으로 투영되었으리라 본다. 이러한 의리의 실천은 말보다 행동을 강조하게 되고, 조곤조곤 대화하고 수시로 정보를 소통하기보다는 고맥락의 소통 즉, 알아서 이해하는 문화를 중시해 왔다. 문화인류학자 홀Hall은 적응과 변화에 대한 욕구가 저맥락 문화를 낳았다면, 안정에 대한 욕구가 고맥락의 문화를 낳았다고 본다.[117] 이를 염두에 두고 본다면 이별의 일상화, 고밀도의 한솥밥 문화라는 긴장과 갈등이 일상화된 문화적 바탕 속에서 고맥락의 문화가 등장하는 것은 어쩌면 자연스러운 일인지도 모른다.

아무튼 이러한 생활 속 의리 중시의 문화적 기질은 어제오늘 형성된 것이 아닌 것으로 보인다. 관직에 있던 분들의 의리에 대한 중시뿐만 아니라, 일반 서민들의 의리에 관한 지향성을 엿볼 수 있는 이야기도 무수히 많다. 수십 년간을 대마도에서 살다가, 동래 고향으로 다시 와서 살기를 청하는 세종실록에도 등장하는 동래주민의 이야기는 단순히 수구초심首丘初心을 넘어 인간의 의리를 다시 생각게 한다.

---

117) 에드워드 홀, 최효선 역, 『문화를 넘어서』, 한길사, 2000, 147-148쪽.

"

병조에서 경상도 감사의 관문[關]에 의거하여 아뢰기를, "동래현(東萊縣) 사람 차원길(車元吉)의 딸 소근(小斤)이 일찍이 왜인에게 잡혀 가 대마도(對馬島)에서 50년간을 거주하면서 딸과 손자를 낳았사온데, 이제 그 딸과 손자를 데리고 장사하는 왜인을 따라 동래왜관(東萊倭館)으로 도망해 와서는 원길에게로 가서 함께 같이 살기를 청하고 있습니다." 하니, 명하기를, "아뢴 대로 해 주고, 또 의복과 양곡을 주라." 하였다[118]

"

의리 중심의 부산정신은 어려울 때뿐만 아니라 일상생활 속에서도 관통하는 하나의 가치이자 기질로 농축되어 있다. 이러한 부산사람들의 의리 중시 정신은 한마디로 상구지의相救之義로 압축할 수 있다.

"

'동래인들은 소박하고 온유하면서도 법을 잘 지킨다. 문무를 숭상하면서도 길흉사에는 빈부 상관없이 경조를 하였으며, 환난 시에는 서로 돕는 의리가 있었다.'

樸素濡弱一遵官令羅羅無違限習尚文武騎射精練婚喪稱家有無吉凶慶弔患難有相救之義[119]

"

---

118) 『세종실록』 49권, 세종 12년 8월 25일 계사 6번째 기사, 1430년 명 선덕(宣德) 5년.
119) 김동철 외(편), 『東萊史料 1, 2, 3』 여강출판사, 1989, 330쪽.

어려울 때 서로 돕고 사람으로서 의리를 지켜가는 풍습 역시 오랜 역사를 지닌다. 이익도 성호사설에서 전국 각지의 인심을 소개하면서 특히 영남지역의 특징을 구휼적救恤的 의리로 표현하고 있다.

"

영남은 경사(京師)와 멀리 떨어져서 풍속이 완연히 다르다.[120] 누에를 치고 삼으로 길쌈하며 겸해서 무명을 생산하여 부녀자가 밤에 잠을 덜 자고서 사철 옷을 장만한다. 상장과 혼인에 '필요한 물자가' 집안에서 마련되지 않음이 없으며, 또 서로 구휼(救恤)하는 일에 독실하여, 그 가세가 빈곤해서 의식을 갖출 수 없는 자는 친척과 벗이 함께 도와서 파산을 면하게 한다.[121]

"

부산지역에 전해져 오는 옛 속담에 '조선 사람을 알려면 부산 동래 사람을 사귀어 보아야 알 수 있다'는 말이 있다.

---

120) 『성호사설(星湖僿說)』의 원문은 嶺南 京輦風俗頓 로서 경련(京輦)으로부터 멀리 떨어져 있다고 하였다. 여기에서 표현하는 경사(京師), 경련(京輦)은 당시 몸이 귀하고 부유한 자가 모인 곳으로 복식을 화려하게 꾸미고, 혼인과 상장(喪葬)에 막대한 비용을 쓰는 당시 한양이자 오늘날의 수도권을 빗대서 표현한 것이다.

121) 이익, 『성호사설』 3권, 영남속(嶺南俗), 한국고전번역원, 한국고전종합 DB. 특히 이익은 영남오륜(嶺南五倫)을 별도 언급하면서 '친척이면 친척이 되는 그 의리를 잃지 않고, 친구이면 친구가 되는 의리를 잃지 않는다'고 설명하고 있다. 이익, 『성호사설』 13권, 인사문(人事門), 한국고전번역원, 한국고전종합DB.

동래읍성 남문(무우루) 모습 ⓒ부산박물관.

그런데 흥미로운 것은 임진왜란 때 순절한 송상현 공을 위시한 민관군은 거의 동래에 수백 년간 거주한 토착민이 아니었다. 전국 각처에서 온 사람들이 모여 사는 곳이 동래였다. 동래 사람들 중에는 권문세가가 없다. 이는 지역 기반이 약하다는 의미보다는 이곳은 일찍부터 만성평등萬姓平等한 고장이라 할 수 있다.[122] 이처럼 다양한 지역 출신 사람들이 어울려 살면서 포구를 중심으로 상업 활동을 영위하면서 떠나고, 헤어지고, 또 만나는 과정에서 형성된 생활 속의 지역정신이 바로 의리다.

---

122) 김용욱, 『부산의 역사(歷史)와 정신(精神)』, 전망, 2001, 15쪽.

2. 역사로 살펴본 의리정신

　부산사람들의 의리에 대한 정신적 전통의 뿌리에는 영남사림의 영광과 좌절의 역사가 배어있다. 영남사림의 생성과 발전, 고난의 과정을 구체적으로 살펴보면 부산사람들의 의리정신의 역사적 흔적을 선명히 알 수 있다.

　우리의 시야를 좀 거슬러 올라가 보자. 조선왕조는 개국 후 개국공신, 훈척세력, 고려정신을 유지하려는 사족 등의 상충 속에서 통치구조의 불안정을 거듭하였다. 그러다가 건국 80여 년 지난 제9대 성종 대부터 조정을 움직이던 인적 구조가 변화하게 된다. 태조 창건 이래로 조선 건국에 기여한 훈구, 척신세력 중심에서 사림세력으로 그 중심이 옮겨가게 된다. 각 지방에 연고를 두고, 성리학과 도학으로 무장한 사림士林 세력의 조정 진출이 두드러지기 시작한 것이다. 그런데 이들 사림세력은 각 지역의 인물과 성리학적 주장과 특징을 반영하여 매우 다양하게 등장한다. 특히 영남지방은 조선시대 사림의 출발이라고 할 수 있는 점필재 김종직으로부터 시작하여 퇴계 이황, 남명 조식으로 완성된다고 해도 과언이 아니다. 실록에서도 '영남嶺南은 인재의 부고府庫이고 사론士論의 근본이 되는 곳'이라고 하였다.[123] 영남사림파들은 밀양, 선산의 김

---

123) 『선조실록』, 선조 38년 을사(1605), 7월 24일자 기사.

종직점필재,佔佔畢齋, 안동, 풍기의 이황퇴계, 退溪, 함양, 하동의 정여창일두,一
蠹, 고령, 현풍의 김굉필한훤당,寒暄堂, 경주, 월성의 이언적회재,晦齋, 합천,
진주의 조식남명,南冥 등 영남 각 지역을 기반으로 사림의 영향력을 키워
갔다. 이들 사림파들이 성장하게 되는 성종, 연산군 초의 사림세력들은
영남지역뿐만 아니라, 기호畿湖지역의 인물들과 결합되면서 전국적인
큰 세력으로 발전하였다. 당시 사림세력 중심인물들의 지역적 분포를
보면 영남지역 출신이 48%, 기호지역이 46%, 기타지역이 6% 정도를
차지하였다.[124] 그러나 이러한 출신 지역의 특징 이외에도 성리학적 가
치지향에 따라 이들 사림세력들은 향후 분화의 씨앗을 배태하게 된다.

한편으로는 수기修己를 지향하면서 성리학적 가치의 내적 완성을
지향하는 김굉필 류의 위학爲學 중심의 세력이 있다. 다른 한편으로는
치인治人을 지향하면서 성리학적 가치의 사회적 실천을 지향하는 김일
손 류의 사장詞章중심의 세력으로 나뉘게 된다.[125] 따라서 사림세력 내의
더 치열한 인식과 행위의 차이는 전국 각 지역을 기반으로 하는 사림세
력 전체의 분화현상이 더 중요하다. 기호畿湖지역은 보합론을 주장하는
율곡 이이가 중심이 되어 서인西人의 중심이 된다. 근기近畿지역은 우계
성혼을 중심으로 하는 소론小論의 중심이 되며, 호남지역은 김인후河西,
기대승高峰등이 중심이 되는 사림세력이 성장하게 된다. 이와 같은 사림

---

124) 김성준,『조선전기 기호 사림파의 성립과 발전』, 영남대학교 박사학위논문, 1981, 27쪽.
125) 위의 논문, 32-33쪽.

세력의 분화는 성리학과 도학의 이론적 인식과 해석 그리고 그에 따른 사회적 참여에 대한 내적 인식 차이에서 기인한다.

그렇지만 더 본질적으로는 훈구세력과의 갈등, 국왕의 사림세력에 대한 포용 혹은 배척 등 사림세력 외적 관계 속에서 그들의 정치사회적 지형이 형성되었으며, 정치적으로는 붕당의 형태로 발전하게 된다. 그러나 활발하게 중앙 무대에 등장한 사림세력에 대한 시련은 결국 4차례의 사화를 거치면서 이들이 정치적으로 거세되거나 화를 입게 되었다. 그 시초인 연산군대의 무오사화를 통해 51명의 사림세력이 사형, 유배 등의 화를 입게 된다. 이어 갑자사화에는 239명의 사림세력의 중심인물들이 부관참시, 유배 등의 화를 입었다.[126] 중종대의 기묘사화에는 조광조 등 43명[127], 을사사화에는 30명이 화를 입는 등[128] 4대 사화를 거치면서 총 460여 명에 이르는 사림의 화가 이어진다. 이러한 과정을 통해 사림세력들은 자신의 이론과 주장을 바탕으로 하는 다양한 활동과 진출을 접고 낙향의 길을 걷게 된다. 대부분 자기 고향의 서재書齋를 근거로 다양한 문우文友와의 교류에 집중한다. 또한 그 지역 일원의 젊은 유생들로 이루어진 수많은 문하門下를 거느리며 지역사회의 정신적 리더

---

126) 김범, 「조선시대 사림세력 형성의 역사적 배경」, 『국학연구』 제19집, 한국국학연구원, 2011, 21-24쪽.
127) 김돈, 「중종조 기묘사화 피화인의 소통문제와 정치세력의 대응」, 『국사관논총』 제34집, 국사편찬위, 1992, 40-41쪽.
128) 박천우 외, 「을사사화에 관한 일고찰」, 『장안논총』 제19집, 장안대학, 1999, 79-80쪽.

로 자리매김하게 되었다.

한편 영남사림파들은 이론적, 실천적 지향의 차이에 따라 영남좌도嶺南左道를 중심으로 하는 퇴계학파와 영남우도嶺南右道를 중심으로 하는 남명학파로 분화가 된다.[129] 조제탕평론을 주장하는 퇴계 이황이 중심이 된 퇴계학파는 붕당형성의 과정에서 남인南人의 중심이 된다. 이에 비해 군자소인론君子小人論을 주장하는 남명 조식을 중심으로 하는 남명학파는 이른바 북인北人의 주축이 된다. 조선후기 실학자 성호 이익도 이 두 학파의 차이점을 잘 지적하고 있다.

"

퇴계退溪가 소백산 밑에서 태어났고, 남명南冥이 두류산頭流山 동쪽에

서 태어났다. 모두 경상도의 땅인데, 북도에서는 인仁을 숭상하였고

남도에서는 의義를 앞세워 유교의 감화와 기개를 숭상한 것이 넓은

바다와 높은 산과 같게 되었다. 우리의 문화는 여기에서 절정에 달

하였다.[130]

"

---

129) 영남좌도와 우도의 구분은 전형적인 한양 성도 위주의 시각이다. 한양 왕성에서 볼 때 낙동강 동쪽을 경상좌도, 그 서쪽을 우도라고 한데서 나왔다. 그 기원은 태종 7년(1407년) 군사 행정상 편의를 위하여 나누었다. 경상좌도에는 울산, 양산, 연일, 동래, 청송, 예천, 풍기, 밀양, 칠곡, 경산, 청도, 영양 등 37개의 군현이, 경상우도에는 성주, 선산, 합천, 함양, 의령, 남해, 거창, 사천, 하동, 고성, 창원 등 28개의 군현이 속하였다. 따라서 당시의 좌우도 구분상으로 부산이 속한 동래는 경상좌도로 구분된다. 그러나 실제 생활과 상업 권역은 좌우도의 혼합지역이라고 볼 수 있다.   [네이버 지식백과] 경상좌도와 경상우도 (신정일의 새로 쓰는 택리지 3: 경상도, 2012. 10. 5. 신정일).

130) 이익, 『성호사설』 제1권, 천지문(天地門), 東方人文, 한국고전번역원, 한국고전종합DB.

나아가 이익은 지리산 아래에서 출생한 남명이야말로 우리나라에서 기개와 절개로는 가장 높은 위치를 차지하였다고 평가하면서, 그의 제자들이[131] 여기에 영향을 받아 정의를 사랑하고 굽히지 않는 지조를 지녔다고 했다. 반면 퇴계의 제자들은[132] 깊이가 있고 겸손하다고 했다.[133] 그러나 이황이 조식을 경우敬友로 여겼듯이 조식도 이황을 외우畏友로 대해 조식의 문도들이 이황의 문하에 출입했고, 이황의 문도들이 조식의 문도와 교유하면서 절차탁마切磋琢磨하였다.[134]

남명의 사상은 한마디로 경의학敬義學이라고 부른다. 조선의 주류 주자학은 경敬을 집중적으로 강조하는 것은 공통적이었으나 의義는 상대적으로 덜 강조하였다. 그들에 비해 남명은 의義를 더 강조하고 있는데, 이러한 점이 그 학문적 특징을 이루고 있다. 그는 '군자는 경으로 안을 곧게 하며, 의

---

131) 남명학파의 문인들로는 오건(吳健) 김우옹(金宇顒) 정구(鄭逑) 최영경(崔永慶) 김효원(金孝元) 곽재우(郭再祐) 정인홍(鄭仁弘) 정탁(鄭琢) 하항(河沆) 하진(河溍) 등을 들수 있다.

132) 이에 비해 퇴계학파의 문인들로는 조목(趙穆) 기대승(奇大升) 김성일(金誠一) 유성룡(柳成龍) 남치리(南致利) 이덕홍(李德弘) 황준량(黃俊良) 권호문(權好文) 김륵(金玏) 홍가신(洪可臣) 정사성(鄭士誠) 김사원(金士元) 유중엄(柳仲淹) 조호맹(曺好孟) 박광전(朴光前) 등의 퇴계문도들과 정경세(鄭經世) 허목(許穆) 이현일(李玄逸) 이재(李栽) 이상정(李象靖) 유치명(柳致明) 김홍락(金興洛) 이진상(李震相) 곽종석(郭鍾錫) 김황(金榥) 등의 사숙들을 들 수 있다.

133) [네이버 지식백과] 조식 [曺植] – '敬'과 '義'의 선비 정신을 실천한 칼을 찬 처사 (인물한국사, 정성희, 장선환) https://terms.naver.com/entry.nhn?docId=3573886&cid=59015&categoryId=59015

134) 한국학중앙연구원, 『한국민족문화대백과』 영남학파 항목. https://terms.naver.com/entry.nhn?docId=581924&cid=46649&categoryId=46649

로써 바깥을 바르게 한다'는 주역의 문언文言을 체득하게 된다.[135] 이러한 의 義를 숭상하는 그의 유학이론의 기저에는 하학론下學論이 깔려 있다.[136]

남명南冥 조식선생을 기리는 산천재 편액

---

135) 송치욱, 「16세기 조선의 하학론 연구 : 남명 조식과 래암 정인홍을 중심으로」, 한국학중
    앙연구원 박사학위논문, 2017, 170쪽.
136) 하학론은 공자의 하학이상달(下學而上達)에서 온 것으로 높은 추상적 천리(天理)보다는,
    사람 속에서의 실천을 강조하는 입장이다.

> "
> 선생이 항상 세상의 학자에 대해 근심한 것은 사람의 일을 버리
> 고 천리만을 논하는 것이었다. 선생이 말씀하시기를 아래로부터 학
> 문을 해야 위에 이르게 된다. 先生常患世之學者.舍人事而談天
> 理.^{中略} 先生曰下學上達¹³⁷
> "

이처럼 다른 유학자들과는 달리 아래로부터 실천적 의義를 강조한
그의 사상적 흐름이 부산·경남지역의 유교적 전통과 생활윤리에 큰 영
향을 미쳤다. 특히 부산·경남 일원의 성리학적 전통을 지배하고 있는
남명론에서는 다른 지역의 성리학적 분위기와는 달리 유독 의義를 강조
하는 것도 부산 사람들의 의리에 대한 역사적 배경이 된다고 본다. 그의
생각을 집약한 '의리를 외치기만 하고 실생활에서 얻는 바가 없으면 결
국 받아들이기 어렵다'^{講明義理 而無實得者 終不見受用138}라는 실천적 입장은 영
남인의 생활윤리를 이해하는데 큰 이론적 자산임에 분명하다. 그렇다
보니 영남지역 사람들이 성격이 강직하고 불의를 참지 못하여 직언을
아끼지 않는 경향 때문에 역사적으로 정치적 피해를 많이 입었다. 당시
에도 남명의 제자 최영경, 정인홍, 곽재우, 정성근, 조지서 등 영남 우
도 인물들이 특히 화를 많이 입게 된다. 그럼에도 불구하고 남명의 문인
집단들은 서부경남권, 중부경남권, 낙동강 연안지방권, 그리고 영남 이

---

137) 무민당(无悶堂) 박인, 『南冥先生言行總錄』, 無悶堂先生文集卷之5, 한국고전번역원, 한국고전종합DB.
138) 남명(南冥) 조식, 『南冥別集』 卷2, 言行總錄, 한국고전번역원, 한국고전종합DB.

외의 권역으로 그 형성 범위가 확대되었으며 '덕천사우연원록'에 등재된 인물만 해도 140여 명에 이른다.[139]

그런데 엄격한 자기 성찰을 강조한 남명 사상에 있어서 다른 유학자들과 달리 의義와 리利가 대립하는 것이 아닌 상호보완적이라고 인식한 점이 흥미롭다. 물론 사욕으로서 리利는 철저히 배격하지만, 시의時宜로서의 리利는 적극 수용하고 있다. 이는 하학下學의 실용적 정신을 반영하는 인식적 차원이기도 하다. 나아가 이는 존재론적으로 경상 우도右道지역의 해양적, 개방적 문화와 경영형 유농儒農의 존재 등 지경학적인 특징을 반영하는 것이라고도 볼 수 있다.[140] 물론 이러한 정치적 배경에는 남명 문하를 중심으로 하는 영남 사림들이 인조반정과 무신사태를 거치면서 근대 초입 과거제가 폐지되는 300여 년간 문과급제를 통해 3품 이상의 벼슬에 나간 사람이 거의 없었다는 사실과도 관련이 있다. 그렇다 보니 벼슬을 통한 가문유지보다는 토지겸병을 통한 가업유지에 집중할 수밖에 없는 정치·경제적 배경과 연관이 있다.

한편 퇴계 이황은 인정仁政을 통한 왕정王政을 뒷받침하고자 했던 실천가였다. 또한 조선왕조의 철학적 바탕이 되었던 성명의리지학性命義理之學을 가장 극적으로 추구하였던 학자이기도 하였다. 그는 이학理學

---

139) 김경수, 「경상우도 유학의 흐름」, 『경남학연구』, 창간호, 경남연구원 경남학센터, 2019, 19쪽.

140) 송치욱(2017), 앞의 논문, 170쪽.

에 바탕한 심학心學을 위해 경敬을 강조하였다. 결국 인간에 의해 다스려지지만 하늘의 뜻이 펼쳐지는 이상사회를 그렸던 지치至治[141]를 궁극적으로 지향하였던 것이다. 이러한 그의 인식을 집대성한 것이 바로 선조에게 올렸던 성학십도聖學十圖다.[142] 그중 제7인설도의 인설에 '인仁이란 천지가 만물을 생성하는 마음이며, 사람이 인을 얻어서 마음으로 삼은 것이다'고 피력하였다. 마음이 겉으로 드러나기 전에는 '인의예지仁義禮智'의 사덕이 갖추어져 있는데, 오직 인仁만이 사덕을 포괄한다'고 하였다.[143] 이와 같이 인의예지를 바탕으로 하는 리理를 성심을 다하고 극진히 추구하는 그의 철학과 가치는 영남학파의 큰 줄기를 이룰 뿐만 아니라, 중세 동아시아의 철학적 원류가 되기도 하였다.[144] 이러한 퇴계의 리理 중심의 철학적 논구와 후배 문인들에 의한 지역사회 전파는 영남

---

141) 이러한 그의 지치주의(至治主義)는 앎이 극진해야 행함이 뒤따른다는 주자의 주장에 대한 가장 적극적인 흡수라고 볼 수 있다. '참되게 안다는 것은 앎이 극진한 것이다. 옳은 것을 참되게 알면 따라서 행하게 된다(眞知者 知之致也 眞知其是 則順而行之)는 것이 이러한 지치주의의 기본적 인식이다. 주희 여조겸 편저, 엽채 집해, 이광호 역주, 『근사록집해(近思錄集解)』, 아카넷, 2017, 340쪽.

142) 『선조수정실록』, 선조 1년 을해(1568), 12월 1일자 기사. '이황이 《성학십도(聖學十圖)》를 올렸는데, 1. 태극도(太極圖), 2. 서명도(西銘圖), 3. 소학도(小學圖), 4. 대학도(大學圖), 5. 백록동규도(白鹿洞規圖), 6. 심통성정도(心統性情圖), 7. 인설도(仁說圖), 8. 심학도(心學圖), 9. 경재잠도(敬齋箴圖), 10. 숙흥야매잠도(夙興夜寐箴圖)였다. 상은 그것이 학문하는 데 매우 긴절한 것이라 하여 그것을 병풍으로 만들라고 명하여 이를 보면서 반성하였다. 그때 이황은 돌아갈 뜻을 이미 결정했기 때문에 이 도(圖)를 만들어 올리며 '제가 나라에 보답할 것은 이 도(道) 뿐입니다.' 하였다'.

143) 퇴계 이황 편집, 한형조 독해, 『성학십도: 자기 구원의 가이드맵』, 한국학중앙연구원, 2018, 492-493쪽.

144) 이영호, 「동아시아 삼국에서의 한국유학 연구동향과 그 의미」, 『퇴계학보』 제141집, 퇴계학연구원, 2017, 235-277쪽.

인들의 도덕지향성의 바탕이 되기에 충분하였다. 한편으로는 군신, 부모, 이웃 간의 의리를 강조하는 철학적 기반이 되었고, 다른 한편으로는 사사로운 욕구를 리理에 바탕 한 공적公的인 것으로 승화시켜야만 하는 강박관념의 원천이 되기도 하였다. 영남인들이 겉으로 드러내는 사리私利의 추구를 계면쩍어하고, 의리 지향의 사고와 태도에 몰두하는 것도 이러한 사상과 관련이 깊다고 할 수 있다. 이처럼 조식과 퇴계로 상징되는 영남을 대표한 두 학파는 한때 정인홍 사건[145]으로 갈등을 빚기도 하였다. 그러나 시간이 흐름에 따라 조식학파는 그 학맥이 쇠잔해지고 퇴계학파는 그 학맥이 날로 성해지면서 그 구별이 흐려지며 상호연계 되었다. 그러나 이들 영남사림 두 학파의 이론적, 실천적 유산과 흔

---

145) 1610년(광해군 2년) 정국을 뜨겁게 달군 문묘종사(文廟從祀) 논의에서 정인홍은 퇴계가 남명과 성운(成運)을 평한 말을 빌어, 이황의 출처(出處)가 분명치 못함을 비판하면서 이언적과 이황의 문묘 출향(黜享)을 요구하였다. '이황은 과거로 출신하여 완전히 나가지도 않고 완전히 물러나지도 않은 채 서성대며 세상을 기롱하면서 스스로 중도라 여겼습니다'고 비판하였다. 또한 '이황이 말하는 중은 자못 성현의 뜻을 잃었음을 분명하게 알 수 있습니다'고 지적하였다. 정인홍(鄭仁弘)이 상차하여 문원공(文元公) 이언적(李彦迪)과 문순공(文純公) 이황(李滉)을 문묘에 종사하는 것이 잘못이라고 비방하였다(『광해군일기』 광해 3년 병인(1611), 3월 26일자 기사). 아울러 스승인 조식의 문묘종사를 강력히 요청하였다. 이 일로 인해 조정과 사림에서는 큰 논란이 일어났다. 퇴계 제자가 중심이 된 성균관 유생들은 권당(捲堂,휴학)에 들어갔으며, 성균관의 유생명부인 청금록(靑衿錄)에서 이름이 삭제되기도 하는 등 그의 스승인 조식 문하와 이황 문하가 심각한 불화를 겪게 되었다. 사실 두 문하들 간의 갈등은 10여 차례의 크고 작은 사건을 포함하여 학문적, 정치적, 처세상의 갈등이 그동안 누적되었다. 이러한 갈등의 틈바구니에 서인들의 반격이 거세졌다. '남명은 (퇴계와 달리) 실로 학문을 알지 못하고, 다만 기절(氣絕: 기개와 절조)이 있는 처사(處士)일 뿐이다'라는 비판이 제기되었다(農巖 김창협, 『農巖集』, 제12권 잡지 내편2). 결국 정인홍이 인조반정으로 처형을 당하면서 조식을 중심으로 한 북인계열의 사림들은 몰락의 길을 걸었다. 남인계열의 이황의 사림들도 위축기에 들어가게 되면서 전반적으로 영남사림의 몰락이 시작된다.

적들이 영남 우도와 좌도의 접경지역인 부산인의 의리적 지역정신 형성에 큰 영향을 미친 역사적·인식적 자산이 되었음을 충분히 짐작할 수 있다.

3. 인물로 이어지는 의리정신

부산과 영남을 중심으로 의리정신을 설명할 수 있는 인물들을 살펴보기 위해서는 신라 말 최치원에서 출발하지 않을 수 없다. 경주 출신에 당나라 유학생이기도 한 그의 유교 불교 선도의 통합적이고 개방적인 사상적 자취 덕분에 영남지역의 지적 수준이 높아졌다고 할 수 있다. 특히 그의 사상적인 복합화가 중앙 진골귀족들의 독점적인 지배체제와 그들의 고대적인 사유방식에 반발하던 6두품 출신의 최치원에 의해 추진되었다는 사실은 신라 고대문화의 한계를 극복하려는 새로운 사상운동으로서의 성격을 가진다.[146] 이처럼 그는 송악 지역의 태조 왕건의 부상을 충분히 예측하면서도 스러져가는 신라사회의 부흥을 위해서 시무책(時務策) 10여 조를 왕에게 올리기도 하였다. 중앙 진골귀족의 부패와 지방 세력의 반란 등의 사회모순을 직접적으로 목격하고 현실에 안

---

146) 한국학중앙연구원, 『한국민족문화대백과』, 〈최치원〉 항목. https://terms.naver.com/list.nhn?cid=44621&categoryId=44621.

주하지 않고 구체적인 개혁안을 제시하기에 이른 것이다. 그러나 온전히 그 개혁안이 받아들여지지 않자 해운대 등 전국을 주유하면서 은거의 삶을 통해 시대에 저항하였다. 이는 백이와 숙제의 수양산에서 굶어 죽은 것과 비유할 수 있다고 평가하는 이도 있다.[147] 지금도 해운대 동백섬 산책로 밑에 그의 글씨로 추정되는 '해운대海雲臺' 석각이 운雲자가 심하게 닳은 상태로 남아있다. 이를 통해 불운한 시대에 유랑을 통해 의義를 지킨 외로운 구름孤雲 같은 그의 삶을 유추만 해 볼 뿐이다.

한편 고려 인종이 그 청렴성에 탄복했던 정항의 아들이자 정과정곡의 주인공인 정서鄭敍의 지독한 의리 스토리를 살펴보지 않을 수 없다. 고려 인종의 손아래 동서인 정서는 모반사건의 누명을 쓰고 20년간 귀양살이를 하였다. 동래에서 머문 7년 동안 지은 한국문학사에 중요한 위치를 차지하는 정과정곡鄭瓜亭曲을 만들었다.

---

147) "공자께서 말씀하시기를 '백이와 숙제가 수양산 아래에서 굶어 죽은 것을 백성들은 지금까지 칭송하고 있다.'라고 하셨다. 만일 은나라가 망하지 않았더라면 두 사람은 굶어서 죽지 않았을 것이다. 그들이 굶어 죽은 것은 그들의 몸을 깨끗이 하기 위함이었기에 천하의 칭송이 끊이지 않는 것이다. 공이 가야산에서 관과 신을 벗어놓고 떠난 것으로부터 시간적으로 살펴보면 그때는 이미 김씨 왕조가 망한 뒤였다. 이는 공의 뜻 또한 몸을 깨끗이 하려고 한 것이니, 저 백이・숙제 두 사람과 다를 것이 없다". 황경원, 『江漢集』 제9권 기(記), 최치원 묘기, 한국고전번역원, 한국고전종합DB.

"

내 님을 그리워하여 울고 있더니/ 접동새와 나와는 (그 울고 지내는 모양이) 비슷합니다그려/ 그 누가 옳고 그른 것) 아니며 (모든 것이) 거짓인 줄을/ (오직) 지새는 새벽달과 새벽별만이 (저의 충정을) 아실 것입니다/ (살아서 임과 함께 지내지 못한다면) 죽은 혼이라도 임과 한자리에 가고 싶습니다. 아—/ (임의 뜻을) 어기던 사람이 누구였습니까(저 자신이었습니까, 그렇지 않으면 간신배였습니까)/ (참으로) 過失도 허물도 전혀 없습니다/ (임께서 죄 없는 몸이라고 용서하시고 召命하실 줄 알았더니) 말짱한 말씀이었구나(거짓말이었구나)/ (정말) 죽고만 싶은 것이여. 아—/ 임께서 벌써 저를 잊으셨습니까/ 맙소서 임이시어, 돌려 들으시어 사랑하소서. (박병채 역)[148]

"

대표적인 충신연주지사忠臣戀主之詞로 불리는 이 곡에서 자신을 버린 임금을 원망하지 않고 오직 한마음으로 임금 주변의 모사꾼을 멀리하기를 바라는 애타는 마음을 표현하고 있다. 자신의 위치를 아주 낮추고 버림받았더라도 임을 그리워하는 마음에는 변함이 없음을 강조함으로

---

148) 한국학중앙연구원, 『한국민족문화대백과』, 〈정과정곡〉 항목. https://encykorea.aks. ac.kr/Contents/Item/E0049943.

써 인간사 의리를 절절히 나타낸 작품으로 볼 수 있다. 우리말로 전하는 고려가요 중 작자를 알 수 있는 유일한 곡을 남긴 정서의 자취가 지금도 수영강변 망미동 정과정로라는 도로명으로 남아있다. 또한 정과정 정자亭子에는 비록 의리를 지키려는 인걸은 온데간데없지만, 그 의리정신을 되돌아볼 수 있는 상징적 장소로 기억될 만하다.

정과정鄭瓜亭 정자 모습

17세기 중반 일개 사노 출신 어부의 신분으로 용감하게 일본으로 건너간 부산 출신 안용복의 기개는 놀라울 정도다. 일본에서 목숨을 무릅쓰고 울릉도와 독도의 소유권과 일본어민의 불법적 어로행위에 대해 준열히 꾸짖고 외교적 해결을 시도하였다. 그러나 공도空島정책과 일본에 대한 무사안일한 대처를 이어 온 조선 조정의 대답은 곤장과 귀양이었다. 만약 이때 조정이 적극적 대처를 통해 독도에 대해 외교적으로 확실히 마무리를 했었더라면, 오늘날의 독도문제로 외교적 소모전을 벌일 필요가 없었을 것이다.

　임진왜란 당시 동래부사로 최후의 항전을 벌인 송상현의 우직함은 나라와 백성에 대한 의리를 되새기게 하는 데 부족함이 없다. 1592년 일본군 1진 18,700여 명이 700여 척의 배에 나눠 타고 부산진성에 상륙하여 성을 공략함으로써 피비린내 나는 임진왜란은 시작되었다. 울산에 있던 경상좌도 병마절도사 이각, 경상도 군사 최종 책임자로서 진주에 머물다가 소식을 듣고 부산으로 달려오던 김수, 부산 지역의 해안 방어를 책임지고 있던 박홍은 다 도망가버렸다. 문관 출신인 송상현은 양산군수 조영규, 울산군수 이언성, 경상좌병사의 조방장 홍윤관 등 몇 안 되는 장수와 동래군민들과 함께 최후의 일전을 벌이게 된다.

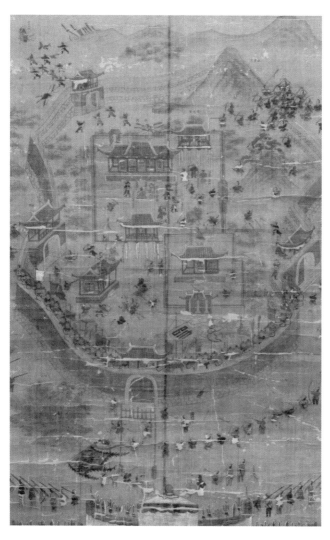

임진왜란 당시 동래성 전투의 처절한 장면을 그린 동래부순절도 ⓒ울산박물관

평상시 친분이 있었던 다이라 시게마스^{平調益} 등 몇몇 왜군 장수가 몸을 피하라고 권유를 했음에도 불구하고, '싸워서 죽기는 쉬워도 길을 내줄 수는 없다'^{戰死易假道難}는 결기^{決起}로 피하지 않고 싸웠다. 결국 동래 주민들과 함께 의연하고 장렬히 전사하였다.¹⁴⁹

특히 이날 벌어진 동래성 전투의 참상은 400여 년이 지난 최근에도 진행형이다. 지난 2006년 부산지하철 4호선 수안동 역사를 조성하는 작업 현장에서 발굴된 인골들의 참상은 세월의 간격이 무색할 정도로 생생하다. 100여 개체에 달하는 인골들이 성 앞에 둘러쳐진 해자^{垓子} 목책 사이 뻘에서 발견되었다.

그들은 썩지도 않고 후세 우리들에게 역사의 교훈을 전해주려는 듯이 처참한 모습 그대로 발견되었다.¹⁵⁰ 당시 발굴에 참여한 전문가의 증언은 전율에 가깝다.

"

턱 부분과 등을 날카롭게 베인 노인, 머리 윗부분이 잘려 나간 청년,

둔기를 맞아 정수리가 함몰되어 버린 장년, 뒤통수가 깨져버린 아주

---

149) '도왜(島倭) 평성관(平成寬)은 일찍이 동래에 왕래하면서 상현의 대접을 후하게 받았었다. 이때에 이르러 그가 먼저 들어와 손을 들고 옷을 끌며 빈틈을 가리키면서 피하여 숨도록 하였으나 상현이 따르지 아니하였다. 적이 마침내 모여들어 생포하려고 하자 상현이 발로 걷어차면서 항거하다가 마침내 해를 입었다'. 『선조수정실록』 26권. 선조 25년 4월 14일. 계묘 1번째 기사.

150) 임진왜란 7주갑(2012년)을 맞아 부산시립박물관에서 특별 전시된 그중 일부 유골들은 그날의 생생한 참극을 그대로 전해주었다.

머니, 처참하게 처형된 젊은 여성, 조총에 희생된 어린이까지 모든 것이 참혹함 그 자체였다.[151]

"

당시 전투가 얼마나 처절하였는가는 전후 17년이 지나 동래부사로 부임한 이안눌이 동래성을 살펴보는데, 온 동네에 곡소리뿐이었다고 한다. 노인에게 물어보니 동래성 함락되던 날 주민들이 다 죽어서 몇 몇 안되는 후손들이 제사지내는 소리더라는 얘기를 들을 정도였다고 한다.[152]

동래읍성 앞 해자(垓子)에서 발굴된 동래양민들의 유골 일부 재현 모습
ⓒ도시철도 수안역 동래읍성 임진왜란 역사관

---

151) 김재현, 「오이소 보이소 느끼소」, 〈국제신문〉, 2020년 5월 28일자.
152) 엄숙 편저, 정중환 김석희 역, 『忠烈祠誌』 권4, 민학사, 1978.

임진왜란 당시 의기를 떨친 관리나 장수는 전국적으로 무수하다. 그러나 송상현의 기개 있는 의리적 삶은 어느 누구보다도 남다르다. 그렇다 보니 조선왕조실록에도 송상현에 관한 기사가 88건이나 등장한다. 따라서 문인, 서생 출신임에도 불구하고 백성들과 함께 나라와 대의를 위해 희생한 그 충절과 기개를 조선왕조 내내 기리고 있다는 사실을 통해 그 충절과 의리의 역사적 가치와 의의를 알 수 있다.

조선시대 울산에서 무일푼으로 내려와 동래 거상이 된 김성우金聲遇의 전기傳記도 동래사람의 의리적 기질을 잘 나타내주고 있다. 모은 돈을 농토나 집을 사는 데 쓰지 않고, 오직 가난한 사람을 구제하고 다급한 처지의 사람을 돕는 게 그의 일이었다. 혼기를 놓친 사람이 있으면 주선해 시집 장가를 보내고, 부모의 장례를 치르지 못하는 사람은 장례를 치르게 해 주었다. 밥 짓는 연기가 끊어졌다 이어졌다 하는 사람, 양식이 바닥나고 병이 들어 길을 가지 못하는 나그네가 있으면 반드시 도움의 손을 건넸다. 자신과 친하거나 친하지 않거나, 평소 아는 사람이거나 알지 못하는 사람이거나 상관이 없었다. 또 도움을 주었다고 해서 밖으로 드러내는 법도 없었다.[153] 당연히 동래사람들은 신의信義를 중요시 여기는 데 있어서 으뜸으로 그를 치는 데 주저하지 않았다萊府號稱尚信

---

153) '김성우가 부(富)를 일구었던 것은 자신이 아니라 오직 남을 돕기 위해서였다. 당연히 그는 뭇사람으로부터 존경과 사랑을 받았다. 아무도 그의 이름을 함부로 부르지 않았다. 한번은 동래부로부터 억울한 일을 당하자 모든 상인이 철시(撤市)를 하면서까지 그를 응원하였다. 강명관, 「동래상인 김성우」, 〈국제신문〉, 2019년 8월 21일자.

義而校村爲最 [154]

조선이라는 중세왕조가 스러져가면서 국권이 침탈되고 민생은 도탄에 빠지자 부산사람들은 가만히 보고 있지 않았다. 다양한 방식으로 나라와 지역과 가족과 이웃 백성에 대해 의리에 기반 한 행동이 이어진다. 민족운동 분야에서는 김갑(임시정부 참여), 김명규(동래고보 만세운동), 김법린(불교계 만세운동), 김병태(의열단 운동), 박영출(동래고보 항일운동), 박재혁(부산경찰서 폭탄 투척), 박차정(의열단 활동), 안희제(백산상회를 통해 독립자금 지원), 양한나(YWCA 창설), 윤현진(대동청년단 활동), 이봉우(정동학교 항일운동), 장건상(민족혁당 활동), 최천택(신간회 활동), 서영해(파리 고려통신사 설립 해외독립운동), 한흥교(중국혁명군 구호의장), 한형석(항일가곡 운동), 홍재문(부산진공립보통학교 만세운동), 구수암(기장읍 만세운동), 김도엽(기장읍 만세운동), 김상헌(철원애국단 활동), 김선갑(노다이 사건 주도), 윤정은(구포 장날 만세운동) 등 기라성 같은 인물들이 의에 살고 의를 위해 초개처럼 삶을 바쳤다. 종교·사회분야에서는 경허 스님(선불교 진작), 동산 스님(왜색불교 타파운동), 매견시(빈민구제활동), 이종률(민족자주통일 운동), 장기려(청십자 의료보험 설립), 한상동(신사참배 반대운동) 등은 종교와 사회 분야에서 부산의 의(義)를 드높이는 데 빼놓

154) 한운성(韓運聖), 『立軒集』, 韓國文集叢刊 124, 한국고전번역원, 2011, 707쪽.

을 수 없는 인물들이다. 학술·언론·교육 분야에서는 박원표(향토사 초석), 손진태(신민족주의 사관 제창), 우장춘(육종학 선구), 박필채(동래 유림 근대학교 설립), 윤인구(부산대학교 설립), 정중환(가야연구의 시발), 조명기(한국 불교사학 정립), 최한복(수영야류 복원) 등이 학술과 언론, 교육 분야에서 부산정신을 바로 잡는 데 기여한 인물들이다.

정치·경제 분야에는 곽상훈(동래 만세운동 주도, 개헌국회의장), 문시환(의열단 활동, 제헌의원), 박기출(의료활동, 민족적 진보운동), 허정(한인공동회, 내각 수반), 강석진(동명목재 창업), 구인회(락희화학공업, 금성사 창업), 박기종(개성학교, 민간철도회사 설립), 신덕균(동방흥업 설립), 윤상은(한국 최초 은행 구포저축주식회사 설립)등이 경세제민과 정치활동을 통해 부산정신의 정립에 기여했다. 문학 분야에는 고두동(시조시 부흥운동), 김말봉(대중소설 확산), 김정한(낙동강의 문학적 파수꾼), 이주홍(근대아동문학 개척), 조향(초현실주의 문학개척), 최계락(동시 문학세계 개척) 등이 지역 기반 문학세계를 새로운 길로 열면서 올바른 정신세계의 형성에 기여하였다. 무용·미술·음악 분야에서는 강이문(한국무용의 모형 제시), 강태홍(독특한 산조 발굴), 금수현(토속 작곡 활동), 김종식(향토 화풍 개척), 오제봉(전통서예 창조적 계승), 오태균(부산교향악운동 선구), 윤이상(코스모폴리탄 평화 주제 작곡), 이상근(전통기반 부산창작 음악 개척), 이석우(동양화 전통계승), 현인(민족의 애환을 대중예술로 승화) 등이 예술의 영역에서 부

산적 의(義)를 잇기 위해 헌신한 이들이다.[155]

뿐만 아니라, 이병주(지리산의 필봉), 임응식(한국 사진의 대부), 최민식(렌즈의 휴머니스트), 이영도(애일당의 문학), 문장원(마지막 동래 한량), 최해군(부산학의 주춧돌), 김재승(해양사학의 지평 개척), 김승찬(부산민속학의 기초정립), 베어드(벽안의 부산 선교 개척가), 김두봉(북으로 간 한글학자), 김형기(3.1 만세 불 지핀 애국지사)[156] 등의 삶의 궤적도 다양한 분야에서 의리에 기반한 부산사람의 기질을 살펴볼 수 있는 인물들이다. 최근 인물로는 금난새(음악계 돈키호테), 백건우(건반 위의 구도자), 신옥진(그림 기증하는 화상), 이해인(희망의 시인), 하안토니오(헌신 봉사의 몬시뇰), 허구연(국민야구해설가) 등도 빠트릴 수 없는 부산정신을 논하는 데 중요한 인물들이다.[157] 물론 이 모든 인물들이 부산정신인 의리적 전통을 논하는 데 모두가 수긍하기에는 적합하지는 않을 수 있다. 또한 의리라는 하나의 잣대로 이들 인물들을 평가하기에는 여러 인물들의 다양한 측면을 획일화할 수도 있다. 그러나 적어도 부산인들의 다양하고 정신적 특성들의 가장 근저에 있는 의리정신을 논하고 이해하는 데에 빼놓을 수 없는 인물들임에는 분명하다.

---

155) 부산을 빛낸 인물 선정위원회, 『20세기 부산을 빛낸 인물(Ⅰ), (Ⅱ)』 부산광역시, 2004, 2005.
156) 박창희, 『부산정신을 세운 사람들』 해성, 2016.
157) 차용범, 『부산사람에게 삶의 길을 묻다』 미디어줌, 2013.

이러한 의(義)에 대한 강박적 숭상의 지역정신은 때로는 견결함을 넘어 고지식한 가치 중심의 행동을 보이기도 한다. 비록 종교적 관점에서 세상의 원리와 텍스트는 다르지만 콘텍스트는 유사하게 나타나는 사례도 있다. 그 일례가 가톨릭 순교자의 지역별 분포다. 가톨릭에서 의(義)는 하느님과 인간을 잇는 중요한 덕목 중의 하나이다. 그런데 우리나라 초기 가톨릭 전파과정에서 신앙의 의리를 지키고 순교한 숫자의 지역별 분포를 보면 재미있는 현상을 발견할 수 있다. 당시 인구 대비 월등히 순교자가 많이 배출된 곳이 부산을 포함한 경상도 지역이다. 경상도 중에서도 부산지역 순교자 2명은 의義를 숭상하는 본향이라 여기던 동래지역의 이정식, 양재현인 것도 흥미롭다.[158]

부산사람들은 추상적인 의리보다는 생활 속의 의리를 매우 중시한다는 것이다.[159] 이를 상징적으로 보여주는 것 중의 하나가 연제구 거제동에 위치한 거제시장 상인들(거상친목회)이 1985년 광복절에 세운 군

---

158) 한국 가톨릭 순교자들의 지역별 현황은 한양 29.8%, 경상도 23.4%, 전라도 19.4%, 충청도 14.5%, 경기도 10.5%, 강원도 2.4% 순으로 나타난다. http://koreanmartyrs.or.kr/ sbss124_list.php?page=13&orderSelect=&keyword=. 이는 당시 인구 대비 그 비율이 상대적으로 높은 것으로 보인다. 비록 초기 선교과정의 특수성 등을 감안하면 절대적 의미를 가지는 것은 아니지만, 의(義)를 중시여기는 지역기질과의 연관성을 짐작할 수 있는 하나의 지표로 이해할 수 있을 것이다.

159) 부산사람들에게 아마 가장 큰 욕은 '쫀쨉하다'라는 것일 것이다. 사전적 의미로는 '성질이나 행동이 치사하고 야비하다'는 뜻이다. 이는 의리를 지키지 않고 자기 것만 챙기는 얍삽한 행동에 대한 최고 비난의 표현이다. 이는 실속보다는 명분을 우선시하는 문화와 가장 대척점의 태도에 대한 비난이다.. 상거래가 번성한 항구도시는 잇속을 챙기는 것이 당연시 여겨지지만, 정당한 이익추구가 아닌 변칙과 배신은 공동체 일원으로 받아들이기 힘든 행태의 언어적 표현이라고 볼 수 있다.

의소리(君義小利) 비석이다. 이익추구를 누구보다 중요하게 생각하는 상인들이 '군자는 의로움에 밝고, 소인은 이익에 밝다'는 논어의 구절을 새겨 군자의 덕목인 '의'를 추앙하고 기억하고자 했다. 또한 일본 도쿄 신오쿠보역에서 선로에 떨어진 일본인을 구하고자 2001년 1월 26일 26세의 나이로 몸을 던져 일본열도를 감동시킨 의사자 이수현의 의리적 행동에서도 입증할 수 있다. 1980년대 민주화 운동 시기에 운동 동지와의 의리 때문에 자백을 하지 않는 과정에서 고문으로 스러져간 박종철 열사도 빼놓을 수 없는 부산의리정신의 상징이다. 이북에서 피란민으로 내려와 헤어진 아내와의 의리를 지키기 위해 평생을 홀로 살며 우리나라 의료보험 탄생의 효시인 청십자 의료조합을 만들어 빈민의료에 평생을 헌신하였던 故 장기려 박사의 의리적 삶도 잊을 수 없다.

부산은 야도野都다. 이는 중의적 의미를 가지고 있다. 뿌리 깊은 야성과 야당의 도시이기도 하지만 야구의 도시이기도 하다. 열정과 의리의 야구도시 부산을 얘기할 때 많은 부산사람들은 불멸의 무쇠팔 최동원 선수를 떠올린다.

불멸의 무쇠팔 야구선수 최동원

    부산의 구덕초, 경남중, 경남고를 나온 그의 155km/h를 넘는 강속구는 1980년대 군부독재로 갑갑한 부산시민들의 가슴을 뻥 뚫어줬었다. 특히 한국시리즈 4승을 올린 1984년 그가 소속한 롯데자이언츠가 창단 첫 우승을 하는 날 부산은 말 그대로 축제 분위기였다. 당시 그의 우승은 야구의 우승만이 아닌 부산 자존심의 우승이었다. 스타 선수생활의 와중에도 프로야구선수들의 인권과 복지를 위해 총대를 메고 선수협의회를 조직하였다. 이를 통해 어려운 동료와 후배들을 돕기 위해 발 벗고 나서는 등 정글 같은 스포츠 세계에서도 인간적 의義를 지키고자 한 그의 감투정신은 부산인의 의리정신의 또 다른 표상이다.

    이러한 부산사람들의 의리정신은 아프리카 수단 오지奧地에서 '한국의 슈바이처'로 봉사하다 선종한 부산 송도 산동네 출신 故 이태석 신부

의 감동적인 삶에서 정점을 찍는다.[160] 그의 희생과 봉사정신은 부산의
역사 속에서 축적된 의리정신이 국경과 경계를 넘어 인류애적 휴머니
티로 승화한 고귀한 증거다.

이태석 신부의 소박한 생가 모습 ⓒ이태석신부참사랑실천사업회.

그러나 아쉽게도 영화 〈친구〉(곽경택 감독, 2001년 작품), 〈신세
계〉(박훈정 감독, 2013년)을 대표로 다수의 대중영화에서 부산인의 의
리는 일부 깡패 집단의 의리 정도로 그 이미지가 매우 왜곡되어 있기도
하다. 특히 초원복국집 사건[161]으로 널리 알려진 '우리가 남이가'의 정치,
폐쇄적 의리라는 부정적 이미지는 더욱더 의리에 대한 객관적 이해와
인식을 왜곡시키고 있다.

---

160) 대안사회를 위한 일상생활 연구소(2012), 앞의 책, 196쪽.
161) 제14대 대통령 선거를 앞둔 1992년 12월 부산시 대연동 소재 초원복국 집에 부산지역 기관장
　　 들이 모여 '우리가 남이가' 라는 지역감정을 부추기는 정치적 선거개입과 모의를 한 사건이다.

고향을 떠난 자들의 지킬 것 없는 이향성, 끊임없이 왕래가 이루어지는 상업성, 변방지역의 변경성, 외부침략의 최선단 피해지인 해방성海防性, 항구도시의 유동성이 부산을 참을 수 없는 저항과 반역의 도시로 만들었다.

4

참을 수 없는 저항정신

　부산사람들은 힘센 사람들에게 잘 대든다. 권력이나 지배구조에 저항하는 정신이 강하다. 이러한 저항정신은 어제오늘 형성된 것이 아니라, 부산과 영남지역에 처한 역사적 기원과 흐름 속에서 발전되어 왔다. 특히 가장 큰 영향을 미친 것은 조선시대 이후 반역향의 고장으로 낙인찍히면서 저항정신이 체질화되었다는 것이다. 개항 이후에도 일본의 침략을 가장 크게 받으면서 이에 저항하는 근대적 형태의 저항정신으로 이어졌다. 해방 이후 경제개발, 민주화 과정에서도 노동운동, 민주화, 시민운동의 끊임없는 온상溫床이 되면서 오늘날 부산인들의 저항정신으로 면면히 이어져 오고 있다.

1. 부산의 저항정신

고향을 떠난 자들로 이루어진 도시는 안정보다는 변화를 원한다. 게다가 상업도시의 특성은 그 변화를 가속화한다. 더군다나 나라의 모든 중심인 서울로부터 가장 멀리 떨어진 변방지역은 모든 불이익의 집산지이기도 하다. 나아가 왜구 등 원하지 않은 외부침략의 일차적 피해지인 부산은 스스로를 지켜내지 않으면 안 되는 문화를 키워왔다. 게다가 항구도시의 유동적 속성상 순응적이기보다는 변화에 대한 분위기가 일상화되어 있다. 이처럼 고향을 떠난 자들의 지킬 것 없는 이향성, 끊임없이 왕래가 이루어지는 상업성, 변방지역의 불이익이 집산화된 변경성, 바다로부터 외부침략의 최선단 피해지인 해방성海防性, 항구도시의 유동성이 부산을 참을 수 없는 저항과 반역의 도시로 만들었다.

이 모든 배경의 핵심은 중앙으로부터의 배제다. 중앙으로부터 배제는 단지 정치적, 지리적 특성만을 표현하는 것은 아니다. 그것은 쇠퇴의 구조화와 자립 불능성의 또 다른 표현이다. 우리나라 동서남북 대부분 변방지역은 중앙으로부터 배제의 불이익을 받고 있다. 그러면 부산지역의 배제성이 두드러지게 문제가 되는 이유는 무엇인가? 그것은 조선시대 전반을 가로지른 반역향의 족쇄로부터 시작한다. 나아가 임진왜란의 최초 피침지역이자, 일본인으로부터 셀 수도 없이 직접적 약탈을 당한 피해지역이라는 점도 중요한 요소다. 우리는 부산지역과 부산인들에게 내재화된 저항의식의 근원을 세 가지 갈래에서 찾아볼 수 있다.

첫째, 역사적으로 거슬러 올라가면 부산지역의 저항의식을 유발케 한 정치사회적 여건이 존재한다. 부산은 거친 부족이 사는 나라거칠산국, 居漆山國, 거친 산 고개에 사는 부족황령, 荒嶺, 거친 장초나무가 우거진 나라장산국, 萇山國라는 지명으로 알 수 있다. 신라와 가야의 틈바구니에서 거칠지만 6세기 중엽까지는 나름대로 고유한 문화를 유지하던 부족국가의 지역이었다.[162] 그러나 신라통일 이후 신라의 피정복지역으로 망국의 한을 품었을 것이다. 고려시대에는 후백제의 관할 지역으로서 개경 중심 고려왕조가 부곡이라는 천민지역으로 낙인찍는 데 대한 반발심이 강했을 것이다. 조선시대에는 왜구의 끊임없는 노략질에 대한 피해의식은 속수무책으로 우리를 지켜주지 못하는 조정에 대한 반감과 모든 것을 약탈하는 왜구 자체에 대한 저항감을 키워왔을 것이다. 임진왜란과 정유재란을 거치면서 최초 침략도시인 부산지역의 무자비한 약탈과 살육으로 일본에 대한 적개심이 응집되었을 것이다. 이후 개항과 일본 강점기 이후에는 무차별적인 일제의 지배에 저항하는 노동, 독립운동

---

162) 부산 전역에서 이 시기에 발굴되는 고고학적 유물, 특히 복천동 고분군에서 발굴된 유물들은 가야의 속성을 띠고 있지만 독자적 성격도 가지고 있다. 그렇다고 완벽한 신라의 것도 아니다. 따라서 이 지역에는 가야와 신라의 문화가 융합된 독특한 독자성과 혼종성의 특성을 띤 강력한 지배집단과 문화가 존재하였음을 보여준다. 이에 관해서는 신경철, 「삼국시대의 부산」, 『부산의 역사와 자연』, 부산라이프신문사, 1992, 123–212쪽; 이영식, 「신라의 부산 진출은 이렇게 시작되었다」, 『시민을 위한 부산의 역사』, 부산·경남역사연구소, 1999, 46–50쪽을 참고하면 된다.

의 투쟁의지가 가장 높았을 것이다. 해방 후 독재정치 시절에는 야당도 시로서 4·19혁명과 부마항쟁 등을 통해 저항의 거점이 된 것이다.[163]

지정학적 요소로서 거센 산악과 바다와 변방이란 조건은 거칠산국과 장산국이 멸망한 이후 1,400여 년이 지난 지금에도 부산사람들의 정신적 지문에 여전히 남아있다. 비록 거친 산과 험한 바다는 근대적 토목과 건축적 이해관계와 기술적 진보로 그 원래적 거칢과 척박함이 많이 가다듬어졌다. 하지만 기후변화에 따른 새로운 자연적 위험에 노출되어있는 것은 예나 지금이나 여전한 숙명적 조건이다. 게다가 변방이란 조건은 근대국가의 중심성의 강화라는 보편적 여건에다가 근대국가 형성기에 시민혁명을 거치지 않은 굴곡된 역사가 그 변방성을 더 강화하였다. 근대국가의 형성을 위한 시기와 인적 자원과 그 지향가치가 일제의 식민지 지배를 통해 왜곡되면서 국가의 중심지배가 비정상적으로 강화되었던 것이다. 그에 따라 중심의 집중성과 변방의 소외성은 더욱 심화되어 오늘날까지 이르고 있다. 왜구나 외부로부터의 침탈에 대한 항거에서 비롯한 저항의식을 외향적外向的 저항이라 하면, 소외에서 오는 내재적 불만에서 나타나는 저항의식은 내연적內燃的 저항이라 할 수 있다.[164]

---

163) 김성국, 「선구자정신: 정치사회학적 측면에서 본 부산정신」, 『21세기를 향한 부산정신의 모색』, 동아대학교 석당전통문화연구원, 2000, 177쪽.
164) 최해군, 『부산사 탐구』, 지평, 2000, 316쪽.

130   참을 수 없는 저항정신

둘째, 부산지역의 독특한 사회문화적 요인이 저항의식을 발전시켜왔다. 이러한 사회문화적 요인들은 부산지역이 가지는 지정학적인 요인으로서 외침과 중앙으로부터 소외라는 숙명적 요인에 더하여 저항의식을 강화하는 데 기여하였다. 왜냐하면 외침과 소외라는 여건은 여타 변방지역이 가지는 공통적 요인이기 때문이다. 그런데 왜 부산지역 사람들이 유독 저항의식이 더 강한가 하는 이유를 설명하기 위해서는 부산지역의 독특한 사회문화적 요인을 이해할 필요가 있는 것이다. 부산은 항구를 매개로 하는 관문지역이다. 그렇다 보니 사해四海와 온 세계의 문물이 가장 처음, 가장 많이, 가장 충격적으로 들어오는 곳이다. 그런데 부산은 단순히 문화를 수입하거나 이식해서 그대로 다른 지역으로 전달하는 문화통로만은 아니었다. 조선 초기 이포개항부터 600여 년간 부산은 왜관, 통신사라는 제도적 여건에 동래상인 등 다양한 인적 요인을 발생시켰다. 다른 어느 지역에서도 볼 수 없는 문화접변文化接變, acculturation이 다양하고 역동적인 형태로 전개되었던 가장 민감한 지역susceptible site이었다. 세계 역사적으로 보면 문화가 이웃나라로 전파되면서 강제적 문화접변, 자발적 문화접변, 문화공존, 문화동화, 문화융합, 문화저항의 다양한 양상으로 전개된다. 그런데 부산이라는 도시는 바로 이러한 문화접변의 다양한 양상이 종합적으로 나타난 독특한 도시문화를 가지고 있다는 것이다.

1407년의 이포개항을 통한 부산포 개방이라는 자발적 문화접변의 조치를 통해 왜관이라는 문화공존의 상업공간을 470년 가까이 운영한 도시가 바로 부산이다. 그러나 임진왜란, 정유재란으로 초토화되었다가 일본에 의한 강제 개항으로 근대적 개항장이 되었지만 이는 곧 열강의 각축장에 다름 아니었다. 뒤이어 본격적인 일제강점의 충격을 최초로 가장 강력하게 접했던 도시로서 강제적 문화접변과 문화동화의 슬픈 전시장이 되기도 하였다.

근대 개항 이후 열강의 각축과 일제강점의 장이 된
부산항의 스산한 풍경을 담은 우편엽서 ⓒ부산박물관.

200여 년간 유지했던 통신사의 출발지이자 도착지로서 부산은 이질적인 문화가 융합한 독특한 도시이기도 하다. 다른 어느 지역에서도 볼 수 없는 문화혼종성이 강하게 뿜어 나오는 도시가 된 것이다. 그런데 이렇게 접한 외래문화를 단순히 전달하거나 혹은 재창조, 해체하거나 현실적으로 적응 혹은 점진적으로 조정하느냐는 그 사회의 문화체계의 여건에 달려있다. 부산의 경우는 단순히 전달된 외래문화와의 역학관계뿐만 아니라, 조정과 중앙의 문화적 수용성 여부가 동시에 영향을 미치는 이중적 긴장상태에 놓였다. 이러한 가운데 선택할 수 있는 문화접변의 대응양상은 문화적 저항이다. 내륙이나 중앙이 가진 미명未明을 깨우치기 위해서도 저항이 필요했다.[165] 또한 먼저 깨우친 자로서 부정, 비리, 부패에 민감하다 보니 이에 항거하는 저항정신이 다른 지역보다 높아질 수밖에 없었던 것이다.

부산지역 600여 년 개항사開港史를 일별해보면, 문화접변의 부정적 영향으로 물질문화와 정신문화 간의 발전 속도의 차이에서 오는 문화지체文化遲滯를 겪을 수밖에 없었다. 나아가 고유문화와 외래문화의 충돌에 따른 문화정체성文化政體性의 약화를 겪기도 하였다. 뿐만 아니라 문화적 혼란 상태인 문화적 아노미anomie, 문화충격文化衝擊 등의 문화접변 관계에서 발생할 수 있는 부작용과 혼란을 총망라해서 겪기도 하였다. 그러나 부산지역은 일찍이 항구가 열리면서 자연스럽게 형성된 높은 경계유지기제boundary maintenance mechanism를 유지하였다. 또한 개방적 문화의 확산에 따른 문화적 유연성cultural flexibility을 확산시켜왔다. 나아가 다양한 성씨들이 모였던 만성평등萬姓平等의 문화와 이향과 별리가 일상화되었던 문화적 여건 속에서 발달된 문화적 자기수정cultural homeostasis 메커니즘의 역량을

---

165) 최해군(2000), 앞의 책, 327쪽.

키워왔다. 따라서 문화접변의 충격에 저항적 형태로 나름대로 도시의 정체성을 유지해왔던 것이다.

셋째, 부산지역 사람들이 역사적으로 축적한 사회심리적 요인이 저항의식을 발전시켜왔다. 부산사람들의 저항적 문화와 심리의 기저에는 내·외부의 통제에 반응하는 '방어적 기제'와 유동적 상황에서 현재적 상태를 규정하려는 이른바 '생활적 기제'가 결합되어 있다. 방어적 기제는 내부의 소외와 외부의 침탈에 대한 즉자적卽自的 대응의 산물이다. 이러한 방어기제는 사건과 계기에 따라 발생하는 단속적斷續的 특성을 지닌다. 부산사람들은 역사적 계기마다 굴하지 않고 저항하며 항거의 삶을 살아왔다. 하지만 때에 따라서는 지배구조와 통치체제에 어느 도시보다 순응적 형태로 순치馴致된 어두운 역사가 있었음도 고백하지 않을 수 없다. 이는 즉자적 저항의 비연속성과 계기성에 비추어 당연한 모습이다. 이에 비해 생활적 기제는 유동적이고 불안정한 '지금'의 상태를 스스로 해석하는 대자적對自的 대응의 산물이다. 이는 항상 현재의 생활에 걸림돌이 되는 모든 장애물과 제도들에 대해 생활스타일로 녹아든 연속적連續的 대응의 산물이다.

일상생활과 생활스타일에 녹아든 삐딱함, 반골기질, 거칠음, 욱하는 성미, 화끈함의 숭상 등은 미래보다는 현재, 나보다는 집단, 명분과 실리 사이의 고조된 긴장 등을 나타내는 기질적 특성이다. 특히 어느 도시보다 두드러진 현재를 중시하는 사회심리적 기제는 주목할 만하다. 한번 배가 출항하면 언제 살아서 돌아올지, 만선滿船의 꿈을 과연 이룰 수 있을지, 배가 떠나기 전 약속을 과연 지킬 수 있을지 모든 것은 불투명하고 불안정하다. 모든 미래는 불안정하다. 따라서 지금 오늘 여기가 가장 중요하다. 소위 현재정복적the conquest of the present[166] 문화심리가 시대의 흐름에 따라 계속 쌓이고 쌓여 적층화積層化되었다. 이에 따라 현재 중시의 인식의 확산, 쾌락의 적극적 수용, 신체의 숭상, 이미지의 만연 등의 문화심리적 기제[167]가 자연스럽게 배어든 것이다. 이러한 문화 속에서는 이성적이고 합리적인 아폴론적인 문화보다는, 감성적이고 정감적인 디오니소스적인 문화가 중시된다. 이러한 디오니소스적인 문화심리는 생활상의 경직성보다는 유연성, 제도에 순응하기보다는 변용, 지배를 인정하기보다는 불인정, 불의를 참기보다는 덤벼드는 저항적 기질의 심리적 원천을 이루었다. 이러한 생활상의 대응기제가 상호학습되면서 부산인들의 저항정신이 일상화되었다.

---

166) 발터 벤야민(W. Benjamin)의 '현재에의 관심'이라는 소극적 현재 긍정을 '현재의 정복'이라는 적극적 담론으로 끌어들이는 마페졸리(M. Maffesoli) 논의들은 단순히 현재와 미래의 시간적 선택이 아니다. 이는 미래를 전제하는 진보주의의 엘리트적 폭력성을 거부하고 현재를 중요시하는 민중의 평범한 삶에 대한 재조명을 위한 노력이다. 특히 그는 이러한 현재중심의 인식론적 전환을 통해 구조보다는 일상을, 제도보다는 습관의 중요성을 강조하고 있다. M. Maffesoli, 박재환 역, 「일상생활의 사회학: 인식론적 요소들」 박재환 일상성일상생활연구회, 『일상생활의 사회학』 한울, 1994, 44~65쪽.
167) 위의 책, 45쪽.

2. 반역향의 반골정신

1565년(명종 20) 사림파의 집권 이후 영남의 정치세력은 정계를 주도하였다. 영남은 경제적, 문화적으로 조선왕조의 주도세력이었고, 학문적으로 주도하는 지역이었다. 그러나 1623년 인조반정을 계기로 정계에서 점차 멀어지기 시작했다.[168] 그 이후 영남의 정치세력은 중앙의 정치 무대에서 멀어져갔으며 근기近畿 남인들과의 제휴를 통해서만 그 세력을 근근이 유지할 수 있을 정도로 쇠락해갔다. 중세시기를 거치면서 특히 인조반정(1623년) 이후 서인세력이 '숭용산림'崇用山林과 '국혼물실'國婚勿失의 원칙[169]하에 조정을 장악하면서 영남사림들은 배제되기 시작하였다. 그러는 와중에 1694년 발생한 갑술환국甲戌換局은 그나마 유지하고 있었던 남인 세력을 유지하고 있었던 근기 남인세력에게도 큰 타격을 주게 되었다. 그러다가 1728년에 발생한 무신란戊申亂은 범汎남인계들의 완

---

168) 김성우(2014), 앞의 논문, 76쪽.
169) 숭용산림(崇用山林)이란 재야(산림山林)의 학자들을 우대한다는 의미이고, 국혼물실(國婚勿失)이란 왕비를 서인 가문에서 낸다는 뜻이다. 조선 후기 서인세력들이 조정을 장악했던 이유는 바로 이 철칙을 지켜왔기 때문이라 할 수 있을 것이다. 특히 김류·이귀는 정소의 구체적 방안으로 사업직 세 자리를 새롭게 만들었다. 기호지역의 김장생·박지계 두 사람을 배정한 것은 서인 정권의 기득권을 고려한 조처였고 장현광의 경우는 권력의 핵심에서 배제된 영남사림을 무마하기 위해서였다. 그러나 이 중에 김장생은 칭병으로 사양하였다. 이후 유교사회의 상징적인 존재로서의 산림의 대표적인 사람들은 김장생·장현광·김집·송시열·송준길·윤선거·권시·허목·윤휴·박세채·윤증·이현일·권상하 등을 들 수 있다. 물론 모두 서인들 일색이다. 유학이 서인들의 전유물이 아닌데도 어쨌든 그들은 유림을 대표하면서 국왕에게는 정국의 안정과 유지를 위한 명분과 실리를 제공하였다. http://m.blog.naver.com/oneplusone21/100055382681.

벽한 몰락을 가져오게 되는 결정적 사건이었다.[170] 무신란은 실제 거병과 전투가 청주지역 등 중부지방을 중심으로 펼쳐졌다. 그럼에도 불구하고 남인의 거두인 하헌 윤휴의 손자사위인 이인좌, 영남사림의 종조라고 할 수 있는 점필재 김종직의 문하인 정희량 등 영남 남인이 주도하였다는 이유로 아예 영남란嶺南亂으로 불렀다. 난이 평정된 이후 영조는 대구 남문 밖에 평영남비平嶺南碑[171]를 세울 정도로 영남을 반역향反逆鄕으로 낙인 찍었다. 이후 60여 년에 걸쳐서 안동을 제외한 경상우도 사람들은 과거에 응시할 수도 없게 했으며, 특히 조식의 문하인들은 아예 벼슬에 나아갈 생각을 갖지 못했다. 나아가 과거 응시가 허용된 이후에도 임금이 낙점을 하지 않았기 때문에, 130여 년 후 대원군의 과거 혁파 때까지 과거라는 공식적인 중앙 진출 과정이 막혔다.

그런 가운데 영남지역 인재진출의 원천적 차단이 가져오는 심각

---

170) 무신란의 주도세력은 기호의 소론계 준론(峻論)과 남인계 탁남(濁南), 영남의 북인계 소북(小北) 및 일부 남인이 제휴하여 영조의 집권에 반대한 조선 왕조 역사상 최대의 정변이었다. 김성우, 「정조 대 영남 남인이 중앙 정계 진출과 좌절」, 다산학 21권, 다산학술문화재단, 2012a, 77쪽. 그 핵심은 영조의 집권과정에서 있었던 부당함과 정통성 문제를 제기하는 것이었다. 영조와 노론이 합세하여 배다른 형인 경종을 독살하였으며, 연잉군이었던 영조는 아버지 숙종과 숙빈 최씨의 아들로서 소위 적손이 아니므로 정통성이 없다는 것이 거사의 핵심 명분이었다.

171) 평영남비의 행방과 내용에 관해서는 설이 분분하다. 1780년(정조 4년) 경상 감영 남문 입구에 세워졌다. 당시 경상도 관찰사였던 황선(黃璿, 1682~1728)의 공적비의 내용이 그 내용을 짐작케 할 뿐이다. 대사헌 이의철이 짓고 이조판서 황경원이 글씨를 썼다. 아울러 1857년에 심암(心菴) 조두순(趙斗淳, 1796~1870)이 지은 상량문이 『심암유고』 권30에 실려 있는데, 중건할 때의 상량문으로 보인다. 현재는 행방이 묘연하고 일제 강점기 『조선금석총람』에 원문이 실려 있다. 박규수, 『환재집(瓛齋集)』 4권, 민충사 중건기, 한국고전번역원, 한국고전종합DB.

한 문제점과 정치적 역학관계에 의해 그 내용과 처리과정이 부풀려지고 악용된 영향도 나타났다. 그 대표적인 현상이 경상좌우도 분리대처론의 대두였다. 난이 진압된 9년 후인 1737년에 좌의정이자 노론의 거두인 김재로는 '좌도는 이황이 있어서 타일러 경계하는 신칙申飭의 기풍이 있으나, 우도는 조식이 있어서 기절氣節을 숭상하는 풍습이 유폐流弊가 되었다'고 공개적으로 표출하였다.[172] 더욱이 노론의 이천보는 '우도에 사는 조식의 문하에서 정인홍이 나왔으나, 이황은 좌도에 살았기 때문에 무신년의 난 때 죄를 범한 사람이 없었고, 지금에 이르기까지 문학과 행의行誼가 있는 자가 많으니, 마땅히 수용해야 한다'[173]고 100여 년 전 인조반정 시절의 정인홍을 역사의 기억에서 소환하면서까지 경상좌우도 분리 시책을 기정사실화하였다.

그러나 이러한 경상좌우도의 분리화 과정은 단순히 정파대립의 전략적 산물만으로 보기만 힘들다. 영남의 본격적인 침체와 영남학계의 안동지역으로의 편중화 사이에는 아주 높은 상관관계에 있다. 농업생산력적 관점에서 한전농업에서 수전농업으로 변화함에 따라 안동지역 같이 수전농업이 발달된 지역의 농업생산이 비약적으로 발전하였다. 또한 안동 동부지역은 산간·계곡지역과 폐쇄적인 농촌사회라는 특성

---

172) 『영조실록』 영조 13년 임신(1737), 7월 1일자 기사.
173) 『영조실록』 영조 16년 경오(1740), 12월 5일자 기사.

과, 퇴계학을 묵수·고수하는 학풍이 보전되었다.[174] 이러한 환경으로 인해 '신분제적 혹은 지역적 계서제'의 정점에 섬으로써 스스로 '영남 내부의 섬[175]에 갇혀 '사회적 협력'을 끌어내지 못하였다는 한계 및 특징과도 관련이 깊다[176]. 결국 조선왕조 5백여 년 동안 영남의 중심은 우상도(선산, 김종직 등)→우하도(진주, 삼가, 조식 등)→좌상도(안동, 예안, 이황 등)로 이동해 갔다.[177]

비록 영조가 탕평정책을 통해 당파 간 균형을 위해 나름대로 노력을 하였으나, 1755년 을해옥사乙亥獄事, 1762년 임오화변壬午禍變 이후 외척세력에게 둘러싸여 그들을 따르는 정치세력을 제외한 나머지 정파들의 정계 진출은 불가능하였다. 영조 사후 즉위한 정조는 재위 기간(1776~1800) 동안 탕평정책을 통해 지역과 정파를 초월하여 인재를 등용하려고 나름대로 시도는 하였다. 특히 근기남인의 거두 채제공蔡

---

174) 안동지역을 중심으로 한 이러한 퇴계학에 묵수, 고수 나아가 종교화, 교조화에 대한 지적은 다양한 논쟁거리를 제공한다. 17세기 이후 영남 남인들의 처절한 정치적 패배에 대응하여 스스로 군자라는 자부심과 자존심의 마지막 보루였을지도 모른다. 정진영, 「농법으로 조선시기 '영남의 부침'을 읽다」, 『지방사와 지방문화』, 제16권, 제1호, 역사문화학회, 2013, 366쪽.

175) 이러한 영남지역의 폐쇄성과는 대비되어 기호지방의 우암학파들은 다양한 집단의 경쟁을 통해 개방성을 유지하였다 뿐만 아니라 사회적 약자인 서얼이나 상인들을 유연하게 대하는 등 개방성과 유연성을 통해 활발한 분위기를 만들어 내고 있었다. 김성우, 『조선시대 경상도의 권력중심 이동』, 태학사, 2012b, 379쪽. 이러한 대비를 통해 영남세력들의 국정참여 기회의 제한은 결국 경세론적 안목과 지식의 부족으로 인해 18-19세기의 역사적 파고를 단순히 정학(正學)이라는 자부심과 척사(斥邪)라는 세계관으로 감당하기에는 아주 벅찼다. 정진영(2013), 앞의 논문, 368쪽.

176) 위의 논문, 361-363쪽.

177) 위의 논문, 361쪽.

濟恭을 통해 영남 남인의 중용을 추진하였다.[178] 비록 초기에 영남에 대한 편견을 근본적으로 극복하지는 못했지만, '영남은 사부士夫의 부고府庫'[179], '영남의 독서인들은 때가 묻지 않아 단서를 잘 알고, 언어와 모습이 공순해서 영남의 유사儒士라는 것을 금방 알아차릴 수 있다'고 나름대로 인식의 변화가 보인다.

"

근래 조정에서 영남을 보는 것이 거의 이복異服과 같으니 실로 개탄스럽다. 근래 흉역은 서울에서 많이 나온다.. 어찌 영남에 대해서만 (무신란 때문에) 저버려야 한다는 것인가?..지금부터는 영남 인재들을 등용하도록 하라.[180]

"

---

178) 장헌세자 추숭과 관련한 이도현-이응원 부자 상소사건(1792년에 안동유생들을 중심으로 장헌세자 즉, 사도세자의 억울함을 풀어달라는 신원운동의 계기가 되었던 상소사건), 안동 유생들의 영남무신창의록 봉입 사건(1788년에 무신란 때 영남지역에서 일으킨 의병활동을 정리하여 정조에게 제출한 사건), 진산사건(1791년 전라도 진산군 유생 윤지충 등이 모친상에 신주를 모시지 않고 천주교식으로 장례를 지낸 사건) 발생 이후 서학에 크게 물들지 않은 영남에 대한 정조의 재인식과 도산별시(陶山 別試)의 거행(1792년 영남지역이 진산사건에도 불구하고 서학에 물들지 않았으므로 이를 가상히 여겨 도산서원에서 7천여 명이 참석한 가운데 3,622명이 응시한 현장에서의 과거시험인 응제별시(應製別試)를 시행하여 30명의 유생들을 선발하였으며 그 결과들을 교남빈흥록(嶠南賓興錄)에 상세히 남겼다), 영남만인소(嶺南萬人疏) 사건(1792년 이우를 소두로 한 영남유생 1만 57명이 사도세자 서거 30주년을 맞이하여 그를 죽음에 이르게 한 세력에 대한 처벌을 분명히 하여 의리를 밝혀야 한다는 소청사건. 2차 만인소에는 참여 유생의 숫자가 1만 368명으로 늘어남), 영남인물고(嶺南人物考) 간행(1798년 정조의 명을 받아 채홍원 등이 영남의 주요 인물 541명의 행장, 언행록, 비문 등을 정리한 책)등을 통해 영남 남인들이 근기 남인들의 대안세력으로 중앙 무대에 진출하는 계기가 만들어졌다. 김성우(2012a), 앞의 책, 79쪽에서 일부 인용.

179) 『승정원 일기』 정조 원년(1777년), 1월 10일자 기사.

180) 『승정원일기』 정조 16년(경오), 11월 11일자 기사.

이 전교를 통해 무신란 이후 60여 년간 영남지역을 옭아맸던 역향의 족쇄가 일부 풀렸다. 그러나 영남 남인들은 정조 치세 기간 동안에도 이헌묵을 제외하고는 재상을 거의 배출하지 못했다. 정조가 매우 신임했던 김한동마저도 대사간, 관찰사 등을 역임했을 뿐이었다.[181] 그나마 역향의 족쇄가 일부 풀려서 열렸던 영남사림들의 중앙 진출 가능성마저도 1800년 정조의 급사로 인해 완전히 막혀버렸다. 정순왕후를 앞세운 노론 벽파가 핵심 공격 대상으로 삼은 것이 영남 남인들이었다. 그 와중에 1800년 8월 16일 발생한 인동작변(仁同作變)은 영남남인을 완전히 초토화시켰다. 인동부사 이갑회가 작성한 장시경 형제의 정조독살설 유포 및 노론벽파의 전횡에 관한 보고서가 발단이 된 것으로 아직까지도 그 진위 여부는 알 수 없다. 그러나 집권 노론벽파들이 서슬 퍼렇게 남인에 대한 공격을 호시탐탐 노리고 있던 가운데 이 사건이 터져버렸다. 이 사건으로 그나마 재기를 꿈꾸던 영남 남인들은 정치세력으로 그 존재가 사라지는 결정적 계기가 되었다. 설상가상으로 영남 남인들의 중앙 진출의 사다리 역할을 해주었던 기호남인들마저도 1801년의 신유박해를 거치면서 노론벽파에 의해 완전히 몰락하였다. 결국 영남 남인들은 거의 소멸의 길을 걸을 수밖에 없었다.

---

181) 1792년 영남만인소에 서명한 영남의 관료 및 유생들 10,057명 중에 생원, 진사, 전현직 관료들은 전체 서명자의 0.8% 수준 밖에 되지 않았다. 김성우(2012a), 앞의 책, 89쪽.

역사적 큰 흐름 속에서 보자면 인조반정(仁祖反正, 1623년), 갑술환국(甲戌換局, 1694년), 무신란(戊申亂, 1728년), 인동작변(仁同作變, 1800년) 등을 통해 영남사림세력들은 17세기 초반 이후부터 조선왕조가 사라지는 20세기 초까지 근 300년 가까이 반역향의 족쇄 속에서 중앙으로부터 철저히 배제되었다. 그러는 과정에서 영남은 근기 남인들로 이루어진 경남京南에 비해 뒤처지기 시작했으며, 기호지방의 학문적, 경제적 발전에 비해 주변부로 전락할 수밖에 없었다.[182]

물론 조선시대 영남사림들의 정신과 기질을 내부의 지역적 특성을 무시하고 하나의 특징으로 판단하는 것은 무리가 있다. 사실 시대별로 그 역할과 중심지가 변화해왔었다. 15세기 후반~16세기 초반 선산, 의성 등 영남 중부지역 사림들은 무오사화(1498), 을사사화(1545)에 이르는 70여 년간에 걸친 사화기士禍期 동안 죽음을 무릅쓰면서까지 훈구파의 전횡에 항거한 중심 지역이었다. 16세기 중반~17세기 전반 합천, 삼가 등 우하도右下道 사림들은 임진왜란이라는 국난을 맞아 최초의 의병을 개시하여 초기의 전세를 압도하였다. 19세기 후반~20세기 초반에는 안동, 예안을 중심으로 하는 좌상도左上道 사림들은 국권회복운동의 중심이 되었다. 이러한 중심 역할의 이동과정에서 영남 중부지역인들은 초창기 영남의 중심지였으나, 여러 차례 사화로 사림지식인들의

---

182) 이수건, 『조선후기 영남학파와 경남의 제휴: 영남학파의 형성과 전개』, 일조각, 1998, 411-434쪽; 김성우(2012b), 앞의 책, 331-380쪽; 김성우(2012a), 앞의 논문, 98쪽.

멸문지화를 겪으면서 매우 고지식한 기질이 형성되었다. 이에 비해 안동 등 좌상도 지역은 퇴계 등 학문적 중심 역할을 수행하면서 자부심, 우월적 의식, 온건함이 보편화되었다. 이들 지역에 비해 합천, 밀양 등 우하도 지역은 사림이 초기 조정에 진출하여 정권을 장악하던 시절(1565~1623)부터 과격하고 곧잘 화를 내는 성격으로 비췄다.[183] 그 이후 이 지역이 주변부로 몰락하면서 경제적, 학문적으로도 쇠락하게 되면서 기질적으로도 반골적 성향이 노골화되었다.

이런 환경 속에서 영남의 사림들은 1792년 사도세자 신원을 위해 영남지방의 유생 1만여 명이 상소를 올린 만인소萬人疏를 필두로 1855년, 1868년, 1875년, 1881년, 1884년 등 여섯 차례에 걸쳐 소위 영남만인소嶺南萬人疏를 올려서 집단상소라는 방식으로 저항적 면모를 드러냈다. 특히 1881년(고종18년)에 이루어진 김홍집의 친청親淸, 결일結日, 연미聯美를 주장하는 '조선책략'을 비판하는 영남만인소는 구한말 위정척사 운동의 큰 흐름을 형성하였다.[184] 결국 부산이 속한 영남인들은 조선시대 전반을 가로지른 수백 년간의 영남반역향의 굴레 속에서 조정, 지배, 권력에 저항하는 반골과 저항정신이 역사적으로 내재화되었던 것이다.

---

183) 김성우(2012b), 앞의 책, 355-360쪽.
184) 한국학중앙연구원, 『한국민족문화대백과사전』, http://encykorea.aks.ac.kr/Contents/Index?contents_id=E0017696/(2020.9.1 일자 검색).

3. 반일의 독립정신

1. 개항 이후 근대적 반일운동의 시작

부산지역은 조선시대 조정으로부터 끊임없는 정치적 배제화, 국방적 변경화, 지역적 낙인화가 구조적으로 정착되었다. 특히 근대개항 관련 각종 조약을 빙자한 일본의 경제적 침탈이 가시화되면서 이루어진 일본인의 이주와 경제적 지배를 우리나라의 어느 도시보다 처음으로 또한 직접적으로 감내하게 되었다.[185] 따라서 조선 말기까지 이어온 영남지역의 저항적 흐름은 개항기에도 멈추지 않았다. 단지 그 대상이 무단으로 밀고 들어와 도시 전체를 지배하려는 일본으로 바뀌었을 뿐이었다.

사실 일본은 병자수호조약(1876년 2월) 이전에도 간단없이 부산에 대한 내탐과 도발을 일삼고 있었다. 일본 외무성 관리의 염탐(1870년 2일), 왜관을 탈출해 동래부 침입사건(1872년 5월), 동경 상인들의 잠입(1873년), 왜관에서 대포 발사(1874년 11월), 일본 군함 파견 시위(1875년 5월), 일본 해군의 발포로 조선인 12명 중경상 사건(1875년 12월) 등 부산을 삼키기 위한 도발을 수시로 감행하고 있었다.[186] 그러던

---

185) 부산지역 일본인의 이주와 경제적 지배과정은 김대래, 『개항기 일본인의 이주와 경제적 지배』, 부산연구원 부산학센터, 2019의 연구에 상세히 분석되어있다.

186) 김의환, 「부산근대 개항의 역사적 고찰, 특집1 부산학 그 정립을 위한 시도」, 부산교육대학, 『한새별』, 11, 1974. 2. 48-49쪽, 김대래, 위의 책, 27쪽에서 재인용.

중에 결국 병자수호조약을 통해 형식상 근대적 조약의 외피를 띈 무력적 불평등 조약으로 수백 년간 유지되어 오던 초량왜관은 일본인 전관거류지와 조계租界로 변신하였다. 이를 통해 일제는 왜관부지 11만 평뿐만 아니라, 영도와 복병산의 조차지를 비롯한 엄청난 공·민유지를 차지하며 경제적 지배를 위한 확고한 거점으로 삼게 된다. 나아가 일제는 도로, 교통, 부두, 화폐, 무역, 수산 등 부산지역의 경제 전반에 대해 전방위적인 약탈과 지배를 확대해나갔다. 이렇다 보니 개항부터 1910년 강제병합 직전까지 부산은 일본인들의 천지가 되었다. 당시 부산 인구 96,000여 명의 26%가 넘는 25,000명의 일본인이 득실대고 있었다.[187] 그 결과 부산지역의 서민들의 생활은 파탄지경에 이르렀으며, 일본인들의 횡포와 수탈에 지역민들의 저항감은 폭발 직전이었다. 그 당시 전개된 대표적 저항사건은 다음과 같다. 일 군함 봉상함鳳翔艦 불법 상륙에 대한 동래주민 투석저지 사건(1876년 4월), 부산 해관 수세에 저항하는 일본 관리의 불법적 정세停稅요구에 대한 저항사건(1878년 9월), 일본인에 대한 쌀 판매 거절 및 상품대금을 무리하게 독촉하는 일본인에 대한 구타 저항사건(1884년 10월), 일본거류지 선창가에서 일본인에 의한 대금 미지불 한인 구타에 저항하는 선창가 투쟁사건(1886년 6월), 일본인들에 의한 동래 감수소監守所 근처 한국인 부녀자 납치사건에 저

---

187) 부산지방보훈청, 『부산독립운동사』, 1996, 13~15쪽.

항한 사건(1886년 9월) 등이 있다. 또한 동학농민전쟁에 호응한 윤자익을 비롯한 김해, 동래 일원 7천여 명의 농민군 봉기사건(1894년 1월), 일본에서 순국한 의병장 최익현 운구 대규모 봉환행사를 통한 항일운동 사건(1906년 11월) 등이 있었다.[188]

시시각각 조여 오는 일제의 억압과 압제의 순간마다 부산사람들의 저항정신은 움츠러지지 않았다.[189] 한말의 저항적 흐름은 애국계몽운동으로 이어져 언론활동, 학교설립을 통한 민족교육운동, 신문학운동, 종교 활동, 해외독립군 기지 창건 등으로 전개되었다. 부산에서는 동래기영회耆英會의 선구적 육영사업, 부산항 상무회의소 상인 중심의 부산친목회, 대한자강회 등이 중심이 된 13개소의 사립학교 설립 운동, 4개소의 노동야학교 설립운동 등으로 나타난 교육구국운동을 먼저 들 수 있다. 다른 한편 부산상무회의소, 동래부 일심회, 부산항 좌천리 감선의연 부인회, 영도 국채보상부인회 등이 중심이 된 국채보상운동 등도 있었다.

---

188) 김대래(2019), 위의 책, 35쪽.
189) 국운이 다해 스러져가는 순간에도 끊임없는 민초들의 저항과는 달리 관리들의 어처구니없는 문제인식과 안이한 대처는 부끄러운 대비를 보인다. 일본이 1876년 강화도 수호 조규를 위해 8척의 배에 3천여 명의 군인을 태우고 부산을 거쳐 간다. 이 순간에도 부산의 관리들은 '성신(誠信)의 도(道)', '서울로 가더라도 공무를 처리하기 위한 것이지 병사(兵事)는 결코 일어나지 않을 것'이라고 생각하였다. 이최웅, 김종학 역, 『을병일기』, 한국고전적국역총서 12, 국립중앙도서관, 2014, 8-9쪽.

2. 3·1운동과 그 이후 다양한 저항운동

1910년 무단통치가 본격화되면서 국내 활동이 봉쇄당하면서 부산 지역의 민족주의 운동은 비밀 결사 운동과 3·1운동으로 전개되었다.[190] 1910년대 비밀 결사 운동은 주체로 볼 때 학생층과 민족 부르주아 계층의 결사운동으로 진행되었다. 학생 비밀 결사로는 1910년 부산상업학교 학생 변상태 등 6명이 결성한 대붕회大鵬會와 1915년 부산상업학교 재학생 오택吳澤 등 10여 명이 주동이 되어 조직한 비밀결사 구세단이 있었다. 또한 부산지역 부르주아 계층과 관련한 대표적인 비밀 결사는 1909년 대동청년단, 조선국권회복단 등이 있었다.

3·1독립운동은 부산지역에서 흘러오던 저항의 기운이 폭발하는 계기가 되었다. 부산지역의 3·1운동은 부산진일신여학교의 교사와 학생들을 중심으로 지금의 부산광역시 동구 좌천동 일대에서 시작되어(3월 11일), 동래고등보통학교 학생 봉기(3월 13일), 범어사 명정학교 학

---

190) 해방 전까지 부산지역 독립운동의 역사적 전개에 관해서는 부산지방보훈청, 『부산독립운동사』, 부산지방보훈청, 1996; 부산민주운동사편찬위원회, 『부산민주운동사』, 부산광역시, 1998; 홍순권 외, 『부산·울산·경남 지역 항일 운동과 기억의 현장』, 선인, 2011; 부산직할시사편찬위원회, 『부산시사1』, 부산직할시, 1989; 부산지방보훈청, 『부산지역의 항일 운동과 독립 유공자』, 부산지방보훈청, 1990; 역사문제연구소, 『한국 근현대 지역 운동사1-영남편』, 여강출판사, 1993; 강대민, 「일제하 부산지역의 항일민족해방운동의 기조」, 『문화전통논집』, 제7집, 경성대학교 한국학연구소, 1999, 65~83쪽; 강대민, 「부산지역 항일 학생운동의 성격」, 『문화전통논집』, 제9집, 경성대학교 한국학연구소, 2001, 71~91쪽; 김형목, 「3.1운동 이후 부산지역 항일독립운동의 성격」, 『항도부산』, 제37호, 부산광역시, 2019, 153~190쪽; [네이버 지식백과] 독립운동 [獨立運動], 『한국향토문화전자대전』https://terms.naver.com/entry.nhn?docId=2818329&cid=55772&categoryId=55810/2020.9월 4일 검색 내용을 종합적으로 활용하여 정리하였다.

생 의거(3월 16일), 구포 장터 3·1 만세 운동(3월 29일), 기장면 3·1
운동(4월 5일), 좌천 장터 3·1 운동(4월 8일), 명지면 3·1운동(4월 11
일), 가덕도 3·1 운동(4월 11일) 등 부산지역을 중심으로 32건의 크고
작은 의거 및 운동이 부산 전 지역으로 치열하게 펼쳐졌다.[191]참여 계층
도 학생, 교사, 농민, 어민 등 다양하였다. 3·1 운동은 이전의 동지적
유대를 바탕으로 일부 인사들에 국한된 비밀 결사 형식의 운동에서 벗
어나, 학생층과 민족자본가, 노동자, 상인 등 광범위한 계층의 참여하
에서 이루어진 전 민족적 의거라는 점에서 의미가 있다.

　　3·1운동 이후 부산지역의 저항운동은 크게 문화운동, 사회주의운
동, 노동운동, 학생운동, 임정운동, 의열운동 등 각 부문별로 특색 있게
전개되었다.

　　먼저 문화운동을 살펴보자. 3·1운동 이후 일제가 종래의 무단통치
에서 문화통치로 지배체제를 전환하자 이를 역으로 활용하여 민족의
독립 의식과 민족 역량을 강화시켜 독립의 기틀을 마련하기 위한 움직
임이 활발하게 나타났다. 부산지역 문화운동을 배태시킨 단체는 1919
년 11월과 12월에 각각 결성된 기미육영회와 부산예월회였다. 이들은
지역 청년 중에서 두각을 드러내는 학생을 외국에 유학 보내는 등 지방
의 인재 양성에 노력하고 있었다. 또한 1920년 전후 부산진, 고관, 초

---

191) 부산지방보훈청(1996), 앞의 책, 47-12쪽.

량, 목도, 영주동, 부민동, 아미동 등지에서 활동하던 7개 청년 단체가 11월 '부산청년회'를 결성하였다. 한편 같은 시기 동래에서도 '동래청년구락부'가 결성되었으며, 1922년 그 명칭을 '동래청년회'로 바꾸고 지역 사회에서 폭넓은 활동을 벌였다.

문화운동의 흐름 중에 먼구름 한형석의 활동을 주목할 필요가 있다. 동래 출신인 그는 일찍이 독립운동에 헌신한 부친 한흥교 선생을 따라 중국으로 건너갔다. 그곳에서 독립운동가 조성환과 만나 '예술도 조국독립을 위해 필요하며 예술구국활동을 하라'는 지침을 받고 예술문화적 자질을 적극 활용한 독립운동을 활발히 펼친다. 광복군에 투신하여 항일가극 〈아리랑〉(1940년) 전 3막을 초연하였다. 그 이후에도 〈광복군 제2지대가〉, 〈압록강 행진곡〉, 〈조국행진곡〉, 〈아리랑 행진곡〉, 〈국기가〉 등 항전 가곡 작곡에 열정을 다하였다. 이처럼 그는 한국광복군 출신의 부산이 낳은 문화예술 영역의 걸출한 독립운동가이자 다양한 문예활동을 통해 구국 의지를 불태운 예술가였다. 나아가 그는 그의 부친과 함께 의리와 저항의 지역정신을 치열한 삶을 통해 나타내 보인 진정한 '근대 동래정신'의 정수이기도 하다.[192]

---

192) 장경준, 『한형석 평전』 산지니, 2020; 최학림, 「20세기 관통한 '근대 동래 정신'」 〈부산일보〉, 2020. 12. 12일자.

먼구름 한형석 문화축전포스터
©부산문화재단.

하지만 그가 중국에서 펼친 독립운동 및 각종 예술활동은 한국독립운동사뿐만 아니라 한국 근대예술사에서도 그 중요성과 가치에 비해 크게 주목받지 못하고 있다.[193]

한편 요산樂山 김정한의 문화예술 활동이 우리 사회와 부산지역에 미친 깊이와 영향, 그 울림은 매우 컸다. 『사하촌』으로 대표되는 그의 작품활동은 불교의 세속화와 친일불교 문제를 고발하고 있다. 이를 통해 선비정신으로 민중과 소외된 이들에 대해 평생 관심을 가지고 작품 속에 형상화한 작가의식을 확인할 수 있다. 또 현실상황을 타개하기 위해서 인간주의적 사고전환을 끊임없이 갈망하는 작가적 요구를 확인할 수 있다.[194] 이처럼 엄혹한 일제강점기에도 문학활동을 통해 저항의식을 고취하였고, 그 이후에도 그는 반독재 민주화운동뿐만 아니라, 환경운동 등에도 온몸을 던져 투신하였다. 이처럼 그는 이 시대에 보기 어려운 대쪽 같은 선비정신으로 지조 있는 양심적 지식인의 전형으로 살았다. 따

---

193) 장경준, 「대륙에 울려 퍼진 항일정신: 먼구름 한형석」, 『공감 그리고』, Vol. 37, 부산문화재단, 2020, 50–53쪽.

194) 오현석, 「요산 김정한의 '사하촌' 담론분석적 연구」, 『퇴계학논총』, 제35집, 퇴계학연구소, 2020, 227–257쪽.

라서 의리와 저항의 부산정신은 그를 빼놓고는 얘기하기 어려울 정도로 그는 부산문화와 부산정신의 전형이었다.

사회주의 사상의 수용과 신간회 활동도 눈여겨볼 필요가 있다. 1920년대에 들어서는 3·1운동의 실패로 지도 이념이 결핍된 상황에서, 이미 성장한 대중 운동을 이끌어 갈 만한 지도 노선을 확립하기 위해 다양한 이념과 방법론이 수용되었다. 그중의 하나가 사회주의 사상의 수용과 단체의 설립이었다. 사회주의 운동의 전국적 확산에 따라 부산에서도 1925년을 전후하여 사회주의 운동이 성장하였고, 혁신 청년회 활동이 나타났다. 대표적인 단체는 김희봉과 차학순을 중심으로 한 부산 '제4계급'[1925년 11월], 박문희를 중심으로 한 동래혁파회[1925년 11월] 등이었다. 또 계급 해방을 표방한 소장층의 혁신 청년회로 부산청년연맹[1925년 11월]과 동래청년연맹[1925년 11월]이 출현하였다. 1920년대 후반에는 조직의 역량 강화를 위해 부산청년동맹[1927년 12월 14일]과 동래청년동맹[1928년 2월 26일] 등의 협의체 조직으로 재편되었다.

한편 좌우 합작 운동의 결과 1927년 2월 15일 서울에서 비타협적 민족주의자들과 사회주의자들이 항일 통일 전선체인 신간회를 결성하자 부산에서도 신간회 부산지회[1927년 7월 30일]와 신간회 동래지회[1928년 4월 21일]가 결성되었다. 신간회 부산지회와 동래지회는 회원과 대중을 상대로 강연회를 개최하여 민족의식을 일깨우는 활동을 전개하였다. 또한 협동조합을 설립하고, 부산지역의 특성이 반영된 도항渡航 노동자를 위한 '도일노동자의 자유 획득 동맹' 결성을 추진하는 등 다양한 사회운동을 전개하여, 노동자의 권리 의식과 항일의식 고취를 위해 노력하였다.

지역산업의 특성을 반영한 노동운동도 활발하였다. 일제강점기 부산지역 공업의 주력은 정미업, 방직업, 고무 공업이었다. 부산지역의 노동운동은 부산의 산업구조 특성을 반영하여 방직공업, 식료품공업, 고무공업, 인쇄공업 등이 중심이 되었다. 이들 업종은 대표적인 노동 집약적 공업으로 조선인 고용의 비중, 특히 여성 노동자의 비중이 높았으며 다른 업종에 비해 상대적으로 임금 수준이 낮았다. 당시 거의 모든 방직공장 노동자가 하루 11시간 이상의 장시간 노동에 시달리고 있었다. 뿐만 아니라 일제강점기 물가 지수는 일관되게 임금 지수를 앞서고 있었는데, 이는 실질임금의 하락을 초래하는 것으로 노동자의 수탈이 더욱 심화되었음을 의미한다. 특히 부산의 경우 물가는 전국 평균보다 높고 임금은 전국 평균보다 낮은 경향을 띠고 있었다. 다른 지역에 비해 부산지역에서 노동자의 수탈이 더욱 강력하였음을 유추할 수 있다.

부산은 항구라는 지역적 특성으로 인하여, 일찍부터 곡물 및 상품 유통의 집산지로서 선박을 통한 운송부문이 발달하였다. 개항과 더불어 부산은 한반도의 막대한 미곡과 값싼 원료들이 빠져나가고 일제의 공산품이 들어오는 대륙 무역항의 창구 역할을 담당하게 되었다. 그 결과 부산항의 기능은 확대되었으며, 부두를 중심으로 한 무역회사와 운송노동자 또한 증가하였다. 부산지역의 노동 운동은 한국 노동 운동사에 획을 그은 1921년 운수부문 노동자의 총파업[부산 부두총파업], 1922년 1923년 1930년 등 수차례에 걸쳐 전개된 조선방직 노동자들의 파업투쟁, 1925년 말의 부산인쇄 직공 총파업[1925년 11월] 등에서 보듯이 공장노동자를 중심으로 본격화되었다. 이후에도 부산에서는 1930년 9월 4일 환태고무 공장 직공들의 파업, 1933년 10월~11월 6개 고무공장 노동자들의 파업, 1935년 9월 삼화고무공장 노동자들의 파업 등 근로 조건을 개선하고 임금인하를 반대하며 민족차별에 항거하는 투쟁이 전개되었다. 그러나 1937년 중일전쟁 이후 조선총독부가 「군수공업동원법」[1937년 9월 14일], 「국가총동원법」[1938년 5월], 노임공정제[1939년 1월] 실시, 강제징용 징발 등을 통해 노동운동을 탄압함으로써 노동운동은 약화되었다.

학생들의 독립운동은 3·1운동에서 드러났듯이 식민지 시대 민족운동의 한 축으로 전개되었다. 1920년대 들어 전국적으로 독서회 형식을 통한 소모임이 확산되면서 학생층의 반일의식 또한 한층 강화되었다. 이러한 조직은 시간이 지나면서 초기의 계몽주의적인 성격을 극복하고, 맹휴에 앞서 투쟁 지도부가 구성되는 등 지도부의 사회주의 이념수용에 따른 의식적인 지도 아래 동맹휴학이 전개되는 경향을 나타냈다. 이러한 특징은 동래고등학교의 1925년 대차맹휴, 흑조회[또는 혁조회]결성, 1926년 장산 촛불 사건, 1927년 동맹휴학 등을 통해서 확인할 수 있다. 일제는 광주학생운동을 시작으로 전국적 확산 조짐을 보이던 학생운동을 탄압하는 한편, 만주사변을 앞두고 황민화 정책을 학교 일선에서 적극적으로 강화하였다. 그 결과 학생운동도 학교 내에서 더욱 의식화되고 소수 정예화되는 비밀결사운동으로 나아갔다. 이러한 분위기 속에서 나온 것이 동래고등학교의 반제동맹사건이다. 반제동맹조직은 1931년 12월 동래고등학교 4학년 학생[10회] 14명이 반제국주의동맹에 가입하여 활동한 것이 발각되어 검거되면서 밝혀졌다. 1944년에는 전국적인 강제 징병제를 실시하였다. 이와 같은 전시체제하에서 학생의 군사 교련 훈련도 강화했는데, 1940년 11월 23일 발생한 부산항일 학생운동[일명 노다이사건]은 이와 같은 학생들에 대한 군사집체훈련 과정에서 발생한 사건이었다. 1944년 8월 1일 동래중학 조선청년독립당 사건이 발생하였다. 조선청년독립당은 노다이 사건에 참가한 동래중학교 출신을 중심으로 결성된 비밀 학생조직으로 1940년 겨울 당시 동래중학교 학생이었던 양중모, 김병현金柄鉉, 남기명南基明, 김일규金一圭, 김진훈金鎭焄 등이 중심이 되어 독서회를 조직한 데서 시작되었다.

한편 1944년 7월에는 순국당사건이 발생하였다. 순국당은 동래중학 조선청년독립당 사건의 단서가 되었던 조직이었다. 1943년 봄부터 부산진초등학교 졸업생인 차병곤車炳坤과 동창생 박정오, 신정호辛正浩 등 3명이 윤독회를 통해 항일의식을 고취하고, 그 과정에서 뜻을 같이

하는 동지를 규합하여 1944년 5월 순국당을 결성하였다. 순국당은 불과 두 달여의 활동에 그쳤으나, 당시 17~18세 학생들의 항일운동이라고는 믿기 어려울 정도의 대담함을 보였다. 이들은 일본군 항공병이 되어 연합군에 투항한 뒤 일본군과 싸우겠다는 의도로 항공학교에 지원하거나, 총독암살용 사제권총을 제작하기도 하였다. 또 고이소 총독암살, 일본군 군사시설 파괴, 일본인 집단거주지[현 부산광역시 중구 광복동과 남포동] 방화, 은행 습격, 미군 공습 시 산불 놓기 등을 행동 목표로 정하고, 행동목표를 기입한 지면에 혈서로 연명하였다. 순국당 참여자들은 1944년 7월 31일 일제히 검거되었다.

3·1운동을 계기로 1919년 9월 상해 임시정부가 수립되면서 1945년까지 26년 동안 임시정부가 조국광복운동의 중심이 되었다. 그에 발맞추어 부산지역에서도 임시정부와 관련한 다양한 활동이 펼쳐졌다. 그중 대표적으로는 안희제(임정 독립자금 조달), 장건상(임정 국무위원), 김갑(임정 재무부장), 윤현진(임정 재정문제 지원), 서영해(임정 초대 주불대사), 정인찬(임정 경남 간사장) 등이 있다. 특히 백산 안희제의 활동은 부산지역 독립운동의 특성을 보여주기에 부족함이 없다. 구명학교를 세워 신학문의 보급과 교육에 눈을 떠 의식개혁을 중시하였다. 이후 안중근 의사 의거를 계기로 대동청년단(1909년)이라는 비밀조직을 만들어 11년간 독립운동 단체와 연계하여 항일 독립운동을 펼쳤다. 이후 연해주로 망명하여(1911년) 독립운동의 방략을 습득하여 부

산에 와서 백산상회라는 회사를 설립하였다(1914년). 이 회사는 해외독립운동의 자금조달의 중추적 역할을 수행하였다. 또한 그는 이 회사를 근거로 독립운동을 위한 첩보 활동의 중심 역할도 하였다. 그 이후 인재 양성을 위한 기미육영회를 설립하고(1919년), 부산청년회를 지원하기도 하였다. 또한 민족언론을 위한 잡지사, 조합운동, 시대일보를 인수하여 운영하기도 하였다. 백산상회 해산과 언론활동 감시가 심해지자 만주로 가서 발해농장을 설립하여(1933년) 독립투사들의 재정적, 공간적 거점이 되었다. 이처럼 백산의 독립운동은 부산지역의 상업적 성격과 지리적 특징을 활용하여 상업기반을 통한 독립운동의 지속성을 담보하는 특징을 나타낸다.

3·1운동의 성과에도 불구하고 수많은 민중들의 희생과 탄압이 노골화되자 의사, 열사들에 의한 직접 무력대응의 의열운동도 활발하게 펼쳐졌다. 그중 대표적으로는 밀양 출신 김원봉이 중심이 되어 조직한 의열단(1919년 11월)이 벌인 크고 작은 폭격, 폭파사건 중에 가장 처음으로 벌어진 대규모 폭파사건의 주역이 바로 부산 범일동 출신 박재혁 의사가 벌인 부산경찰서 폭파사건(1920년 9월)이다. 그는 치밀하고도 조직적인 지원 하에 부산경찰서 하시모토橋本秀平 서장실에 중국 고서적 상으로 가장하여 면담을 성사시켰다. 그는 유창한 일본어로 독립투사 탄압을 준열히 꾸짖고 폭탄을 터뜨려 중상을 입히고 혼비백산케 하였다. 그 이후 그는 사형 언도를 받고 집행 2주일 전에 스스로 목숨을 끊

어 순국하여 27세의 생을 초개처럼 조국독립의 제단에 바쳤다. 이 사건이 얼마나 큰 충격을 주었는지 일본 신문에서마저도 양 민족의 일선동화日鮮同化는 실패하였다는 사설을 싣기도 하였다.[195]

　　동래 출신 박차정 의사의 활약도 여성독립운동의 귀감이 된다. 일신여학교를 졸업하고 광주학생운동 시위와 부산방직공장 파업사건을 주도하여 옥고를 치르고 나와 중국으로 망명한다. 그곳에서 의열단 활동을 펼친다. 의열단장 김원봉과 결혼하고 조선정치군사 간부학교 교관으로 여생도들의 훈련에 매진하였다. 이후 남경에서 남경 조선 부인회를 조직(1936년), 조산의용대 부녀 복무단장으로 복무하면서(1938년) 수많은 전투에 참가하면서 전과를 올렸다. 중국 강서성 곤륜산 전투에서 일본군과 격전 끝에 어깨 부상으로 그 후유증으로 조국 광복 직전에 산화(1944년 5월)하였다. 이처럼 박재혁과 박차정으로 상징되는 부산지역 독립의열운동의 특징은 다른 어느 지역보다 견결하고 가열차며 대담한 의열운동의 양상을 보여주었다.

---

195) 부산보훈청(1996), 앞의 책, 161-162쪽.

4. 민주화 여정에서 빛나는 야성(野性)

해방 이후 부산은 일본인들이 떠나고, 귀환동포들이 물밀 듯이 몰려들었다. 그에 따라 실업자 양산, 적산재산 처리혼선, 주거난, 물가상승, 산업마비 등 사회적으로 매우 혼란스러웠다. 혼란을 수습하기 위해 의사疑似 정부 조직이라고 할 수 있는 건국준비위 활동을 시발로 다양한 정당, 대중조직, 노동조직의 설립이 활발해져 이들에 의한 사회운동이 활발하였다. 무엇보다 당시의 의제는 임시민주정부수립을 위한 신탁통치 반대운동이었다. 이를 시작으로 1946년 9월 철도노동자들의 파업 등 부문별 운동이 전개되었다. 나아가 민족통일국가건설을 위한 사회운동도 활발하게 전개되었다. 그런데 이후 자유당 정권이 집권하면서 각종 사회적 혼란과 집권층의 전횡이 일어났다. 1949년에는 자유당 정권의 반대파와 좌익 활동 경력자를 중심으로 국민보도연맹을 조직하여 사회운동세력의 갈등을 유발하다가, 1950년 한국전쟁이 발발하자 일차적 처벌 대상으로 이들을 제거하였다.

한국전쟁으로 부산은 전쟁 1,023일 동안 피란수도였다. 전쟁 중에도 정권의 장기집권을 위해 이른바 부산정치파동과 사사오입 개헌을 추진하는 등 어지러운 정치정세가 만들어졌다. 그러나 전쟁이라는 여건 하에서 비판적 의견이나 사회적 저항은 거의 용납되기 어려운 상황이었고, 각자 생계 연명에 급급한 상황이었다. 오히려 문화예술인들이 전국 각지에서 모여들면서 토착 문화예술인들과 교류 혹은 경쟁하면서 한국사회의 새로운 혼종적 역량을 키워나갔다. 휴전 이후 1956년 대선과 1958년 총선을 거치면서 반독재 의식의 성장과 생존권 투쟁을 위한 저항적 역량이 다시 살아나기 시작하였다. 대안정당의 설립과 진보적 인사의 제도권 진출과 부산지역 노동자들의 조직적인 생존권 투쟁 등으로 그 명맥을 이어갔다.

2차 대전 이후 전 세계적으로 지배구조를 확장해가던 제국주의적 압력에 1950년대 말과 1960년대 초에 세계 각지에서 다양한 저항운동이 일어난다. 이에 조응하는 국내적 반민주적 부패구조에 저항하는 운동이 발생하기 시작한다. 1960년 발생한 4·19혁명은 그 의미가 매우 크다. 부산에서는 공명선거학생위원회 주도로 촉발된 시위가 여러 고등학교와 대학교로 확산되면서 전시민적인 시위양상을 보였다. 특히 4월 27일에는 20여만 명의 시민들이 시위에 참여하여[196] 전국적으로 70여만 시위의 1/3 이상을 차지하였다. 당시 부산에서는 13명이 사망하고, 170여 명이 부상을 당하였다.[197] 이러한 희생을 바탕으로 자주, 민주, 통일을 위한 혁신적 조직과 방안들이 다양하게 제기되었다. 그러나 이러한 사회적 분출은 5.16 군사쿠데타로 부정된다. 이후 한일협정반대투쟁(1964년), 6.8선거부정규탄대회(1967년)을 거쳐 1970년대 엄혹

---

196) 부산민주운동사편찬위원회(1996), 앞의 책, 198쪽.
197) 부산직할시 시사편찬위원회(1989), 앞의 책, 1085쪽.

한 유신 치하에서도 그 저항의 흐름은 이어진다.

1970년대 부산지역의 저항적 흐름은 1970년부터 1972년 유신체제 수립 때까지 교련반대, 노동현장 산업선교 등을 중심으로 형성되었다. 이후 1972년 10월 유신은 노동, 학생, 인권 운동 등 각 분야별 운동이 침체기에 들어가는 계기가 되었다. 그러다가 1974년 민청학련 사건을 계기로 저항과 침묵이 교차하였으며, 부산은 특히 서울 출신 종교관련 인사들이 부산으로 유입되어 조직화의 기틀을 마련하기도 하였다. 1978년 각 대학 내 이념서클 등장과 1979년 부마항쟁의 분출로 1970년대 저항의 분수령을 이루었다. 부산대학교에서 시작된 학생시위를 기폭제로 도심지의 민중항쟁으로 증폭되며, 마산 등 이웃으로 확산된 일련의 저항운동이 바로 '10·16 부마항쟁'이다. 이는 길고도 엄혹했던 유신체제의 종지부를 찍는 역사적 사건이 되었다. 특히 부마항쟁의 경우 무뚝뚝함, 집합성, 거칢을 특색으로 하는 부산인의 독특한 저항정신을 나타내는 상징적인 특성이 있다.

1970년대 중·후반을 거치면서 독재정권에 순치된 듯, 겉으로는 거의 미동도 하지 않는 듯이 보였다.[198] 그러나 지역사회에서도 민청학련 사건, 김오자 사건, 반유신 페인팅 사건 등을 거치면서 쌓인 저항역량

---

198) 당시 세간에 떠도는 얘기는 서울의 모 여대 학생들이 부산대학교 학도호국단 사무실로 제대로 구실 못하는 상징을 거세하라는 의미로 가위를 부쳐왔다는 얘기가 떠돌았다. 이처럼 서울지역에서 간단없이 제기되는 산발적 반유신 시위가 부산지역에는 몇년 간 거의 없다시피 했다는 것이다.

의 암류^{暗流}는 무뚝뚝한 부산기질과 맞닿아 있다. 또한 유신정권에 대한 분노와 저항에 대한 양서조합, 중부교회, 영목, 도깨비, 아카데미, 성아, 경제사학회, 전통예술연구회 등[199] 집합적 공감과 그룹별 움직임들은 다른 지역사회의 개별적 투쟁과 대별된다. 결정적 계기를 맞이하여서는 주저하지 않고, 분출되는 방식은 거침이 없었으며 그 기세는 드세고 거칠었다.[200]

폭발적으로 분출된 저항의 에너지들은 박정희 시해, 12 12쿠데타, 1980년도 초 민주화의 봄을 맞았으나, 결국 5 18 광주항쟁이 진압되면서 1980년대의 신군부체제를 맞게 된다. 이 시기 부산의 저항적 흐름은 부림사건(1981년 9월), 미문화원 방화사건(1982년 3월), 각 산업별 노동조합 쟁의, 학원민주화 운동과 학생회 부활 등을 거쳐 1987년 6월 시민항쟁으로 이어진다. 전국적인 6월 시민항쟁의 열기가 사그라들 때에도 부산에서는 가톨릭센터에서 농성을 끈질기게 이어감으로써 결국 6·29선언이라는 신군부의 전면적인 항복 선언을 받아내는 결정적 계기가 되었다.

1990년대의 부산지역 저항의 큰 흐름은 6월 시민항쟁 이후 열린 공간을 활용하여 재야연합운동, 노동운동, 학생운동이 더욱 활기차게

---

199) 부산민주운동사편찬위원회(1996), 앞의 책, 399-401쪽.
200) 부마민중항쟁의 학술적 평가는 부마민주항쟁기념사업회, 『부마민주항쟁 연구논총』, 민주공원, 2003.을 참고하면 유용할 것임.

진행되었다. 특히 새로운 시민운동과 주민운동을 통해 시민사회와 지역사회의 모순에 저항하는 흐름이 만들어졌다는 것이다. 그중에서도 오늘날 큰 영역을 차지하고 있는 환경운동의 출발이 전국에서 가장 처음 부산에서 이루어졌다는 사실에 주목할 필요가 있다. 낙동강 하굿둑 반대운동을 시작한 '낙동강 보존회'(1978년), 산업폐기물 매립장 반대운동 등을 펼친 한국공해문제연구소 부산지부(1984년) 등은 오늘날 전국적인 환경운동의 모태가 되었다.

사회저항의 흐름들은 1991년 지방의회 부활, 1995년 지방자치단체장 선거를 통한 민선 자치시대 출범에 따라 지방정부와 지방의회 권력의 견제 등으로 방향이 바뀌어서 오늘날에 이르고 있다. 지방자치 도입 이후에도 부산은 심화되는 수도권으로의 부와 권력, 인구의 집중에 저항하는 비수도권 균형발전 운동의 전국적 거점이 된 지 오래다.[201] 사회운동의 영역이 환경, 반핵, 청년, 육아, 정보, 난개발 반대, 시민참여 등 다양한 시민운동으로 다양화되고 있다. 그런 가운데 각 분야별 시민운동의 열기와 강도와 지속성에 있어서 부산시민들의 저항적 기질은 꺾이지 않고 있다. 특히 중앙으로부터 배제와 수도권 집중에 따른 지역

---

201) 부산지역에서 시작된 그간의 분권운동과 지역균형발전을 위한 제도권, 비제도권 혹은 협치적 운동의 역사는 꽤나 긴 편이다. 특히 우리는 지방자치 도입에도 불구하고 점점 수도권으로 집중되어 자치정신의 훼손에 반발한 2000년 초반부터 부산지역에서 협치적 분권운동이 시작된 사실에 주목한다. 부산광역시, 「수도권과 비수도권 격차해소를 위한 대응방안」, 부산광역시 정책개발실, 2000.

홀대의 역사는 끊임없이 강화되고 있는 가운데 부산사람들의 야성기질은 돼지국밥의 속성처럼[202] 빛나고 벼르고 또 벼리고 있다.

---

202) 최영철, 『야성은 빛난다』, 문학동네, 1997. '야성을 연마하려고 돼지국밥을 먹으러 간다'로 시작하는 그의 시는 부산사람들의 야성적 기질을 부산사람들이 가장 좋아하는 돼지국밥의 특성에 빗대 시적 언어로 표현한 수작이다.

우리는 부산사람들의 기질적 특징을 한솥밥형 집합성, 바닷가형 투박성, 고맥락형 무뚝뚝함의 세 가지에 주목하였다. 이러한 지역기질은 그 기저적 출발점인 지역정신을 바탕으로 하되 현재적 조건 속에서 개별적으로 드러나는 특성들이다.

5

부산인의 기질,
부산정신의 일상적 표출

　우리는 부산정신의 핵심을 의리성과 저항성이라는 두 가지 특성을 중심으로 살펴보았다. 그런데 이러한 지역정신은 사회적, 역사적 상황에 반응하는 것이다. 지역정신이 내적 가치체계라면 지역기질은 외적 표출양태다. 순수심리학에서는 기질과 특질로 나누어 보기도 하지만[203], 사회학에서는 지역정신, 지역적 기질과 문화적 특성으로 본다. 따라서 일정한 역사적 경험을 가지는 사회공동체가 공유하는 지역기질은

---

203) 심리학에서 기질은 선천적인 측면이 강조되고, 특질(traits)은 일정 공동체의 구성원에 반복적으로 나타나고 후천적으로 학습화되면서 형성되는 심리적 특징이다. 이는 개인적 차원에서는 분류 가능한 개념이다. 그러나 사회적 관점에서는 선천적 대 후천적 비교 관점이 역사적, 학습적, 누층적, 연속적 관점으로 전환될 수밖에 없다. 사회는 역사를 통해 개인의 선천적 특성이 전수되는 유기체이다. 나아가 문화교류를 통해 개별 공동체의 특성이 변화하기 때문이다.

지속적으로 발현되고 학습된다. 그에 따라 그 공동체 구성원들에게 집합적으로 나타나는 기질은 개인적 차원이라기보다는 사회적 성격을 띠는 일정한 문화적 특성으로 공유되고 전승된다. 그런데 이러한 지역기질은 일정한 질서와 구조에서 기계적으로 파생되는 것은 아니다. 오히려 성운星雲처럼 모여들다가 흩어지는 유동적인 라이프 스타일에 따라 다양한 방식으로 나타난다. 어떤 심리적 상태가 일정한 태도를 기계적으로 결정하지 않는다. 화가 난 심정을 직설적으로 표현할 수도 있고, 은유적으로 표현할 수도 있듯이, 지역기질도 그 표출방식에 따라 다양하게 그 모습을 드러낸다. 따라서 부산사람들의 역사적, 사회적 문화경험 속에서 형성된 저항과 의리라는 지역정신이 일상생활 속에서 일정한 양상으로 표출되는 과정을 통해 특별한 지역기질이 형성되어 왔던 것이다. 우리는 부산사람들의 기질적 특징을 한솥밥형 집합성, 바닷가형 투박성, 고맥락형 무뚝뚝함의 세 가지에 주목하였다. 이러한 지역기질은 그 기저적 출발점인 지역정신을 바탕으로 하되 현재적 조건 속에서 개별적으로 드러나는 특성들이다.

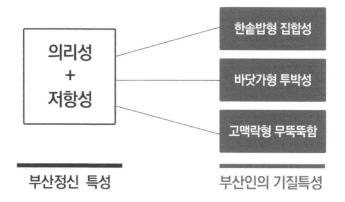

부산정신 특성	부산인의 기질특성
의리성 + 저항성	한솥밥형 집합성 바닷가형 투박성 고맥락형 무뚝뚝함

부산정신의 표출로서 부산인의 기질

1. 한솥밥형 집합적 기질

부산사람들은 고립된 개인주의보다 '우리'로의 합일주의적 성향이 강하다. 흔히 '우리가 남이가'라는 말은 부산의 상징어처럼 여겨질 정도로 일상화되어 왔다. 이러한 속성은 어제오늘의 모습만은 아닌 듯하다. 정약용丁若鏞도 영남 사람들은 '나라에 중대한 의논이 있을 적마다 그들의 의견에 이의가 없이 하나로 귀착되었고, 여러 갈래로 갈라지는 일이 없었다.'[204]고 언급할 정도로 영남 사람들의 합일성을 간파한 바 있다.

---

204) 정약용, 『영남인물고서(嶺南人物考序)』, 국역 다산 정약용 시문집, 민족문화추진회, 2008.

현대사에서는 한국전쟁기 피란수도로서 한국 최초의 사회적 용광로(멜팅폿)였다는 역사적 사실도 그냥 만들어진 것이 아니라, 이러한 역사적 배경 속에서 그 기능을 수행할 수 있었다. 이처럼 집합적 성향의 스타일이 익숙하다 보니 경제적 가치보다는 포용의 가치를 더 중요시하는 데에서 그 기질의 일단을 살펴볼 수 있다.[205] 부산사람들의 합일주의적 특성은 야구 경기 관람객들의 응원 광경에서 극명하게 드러난다. 롯데상품 불매운동을 벌여야 한다고 성토하던 사람들이 사직구장에서는 언제 그랬냐는 듯이 롯데자이언츠 팀을 향해 목이 터져라 '부산갈매기'를 부른다.[206] 여가나 문화 활동에 있어서도 무엇을 하느냐 보다, 누구와 함께 하느냐를 훨씬 중요하게 여기고 있다.[207]

부산 사람들의 집합적 성향은 의리기질의 표현이라고 생각한다. 따라서 개인주의에 대한 경시와 강한 합일주의의 강박으로 나타난다. 이는 표현을 중시하는 표피문화보다는 내피內皮 중시 문화와도 연관이 있다. 한편으로는 이 지역에 사는 사람으로서 숙명적으로 겪었던 기약 없는 별리別離와 어쩔 수 없는 군집群集에 대응하는 심리기제가 축적된

---

205) 부산의 도시발전을 위한 주요 가치에 대해 부산시민들은 포용·배려의 가치(38.5%)〉경제 우선의 가치(36.%)〉혁신·변화의 가치(31.0%) 의 순으로 인식하고 있다. 이러한 생각은 전 연령대에서 공통적으로 나타나나, 특히 연령이 높을수록 소득이 낮을수록 더 높게 나타난다. 허윤수·김형균 외, 『라이프 스타일 시대 부산도시정책의 전환』, 부산발전연구원, 2018, 106쪽.

206) 대안사회를 위한 일상생활연구소(2012), 앞의 책, 196–197쪽.

207) 부산시민들의 라이프 스타일에 따른 문화여가활동에 대한 인식조사에서 누구와 함께 하느냐를 5점 척도 평균 3.68로 가장 중요한 요인으로 들고 있다. 임호, 박경옥, 『부산시민의 라이프 스타일 기초연구』, 부산연구원, 2019, 61쪽.

결과라고 볼 수 있다. 나라의 해양을 방어해야 하는 최선두에 위치한 해방海防도시라는 지정학적 특성은 이웃의 도움과 협력을 절대적으로 필요로 한다. 내 주변 사람을 믿지 않고서는 극복할 수 없는 절대적 조건이다. 따라서 지역공동체의 저항적 결속이 강할 수밖에 없다. 이러한 사회문화적 기질은 생리학적으로도 설명이 가능하다. 인간의 힘으로 극복할 수 없는 위기를 반복적으로 겪다 보면 뇌의 옥시토신 수용성이 높아진다. 옥시토신은 가족이나 공동체의 가까운 사람들에 대한 애착을 높여주고 긴장을 완화해 준다. 또한 자신이 소속된 집단이 외부 집단보다 월등하다고 여기게 한다.[208] 옥시토신 수용력이 높아지면 공동체 결속력이 강해진다. 따라서 이러한 위기의 공동적 역사 경험은 한솥밥의 울타리 내에서는 긴장을 완화해준다. 하지만 그 틀에서 벗어나는 것을 일탈로 간주하거나 공동체의 기강을 흔드는 것으로 간주하여 강력한 비판과 응징의 문화가 형성된다. 이러한 영향으로 내집단과 외집단의 구별이 매우 강해지게 된다. 내집단 구성원에 대해서는 의리라는 이름으로 포용하고 오지랖 넓게 개입한다. 하지만 외집단 구성원에 대해서는 매우 배타적 성향으로 대하는 측면이 있다. 이는 흔히 얘기하는 부산사람들의 개방성과는 또 다른 모습이다.

그렇다 보니 내집단 구성원에 대해서도 적절한 개인적 거리를 넘어

---

208) 나카노 노부코, 이영미 역, 『바람난 유전자』, 부키, 2019.

서는 사회적 거리조절의 문제를 발생시키기도 한다. 나아가 개인부재의 공동체 명분을 우선적으로 지향하는 성향이 나타난다. 이는 내·외집단 간 소속의식의 강박이라는 부정적인 측면을 수반하고 있다. 이러한 성향들이 자칫 획일적 집단주의로 흐르게 되면 타인에 대한 생활적 권위주의로 변형될 위험을 내포하고 있다. 한 가지 분명한 것은 전통적 가부장적 공동체 지향의 집합주의는 시효가 소멸되었다. 따라서 전향적 사회관계의 틀로서 집합성의 가치가 재정의되지 않는다면, 이는 개인의 자유를 속박하는 권위적 집단주의의 잔흔으로 전락할 수 있다는 것이다.

이러한 한계에도 불구하고 부산의 독특한 경험 속에서 나오는 한솥밥형 집합성은 부산사람 특유의 정情을 표출하는 원천이기도 하다. 나아가 한솥밥적 집합성은 이 시대가 가장 취약한 공동체 지향성을 내포하고 있다는 점에서 장점이 될 수도 있다. 그렇지만 철저하게 개인화된 최근의 세태를 감안하면 부산사람들의 기질에 각인된 집합성의 가치는 새로운 방향으로 진화, 발전되어야 한다. 그 방향은 개인의 자율성과 개인적 영역을 철저하게 존중하되 느슨하지만 결코 끊어질 수 없는 새로운 형태의 유기적 연대organic solidarity[209]의 가치를 제시할 수 있어야 할 것이다.

---

209) 일찍이 사회학자 뒤르켐(E. Durkheim)이 사회분업이 진전됨에 따라 집단성, 동질성, 개인의 헌신, 집합의식을 바탕으로 하는 기계적 연대(mechanical solidarity)에서 개인성, 이질성, 개인의 도덕, 개인주의를 바탕으로 하는 유기적 연대(organic solidarity)로 전환한다고 보았다. 그러나 마페졸리(M. Maffesoli) 같은 개인과 일상성에 관심을 두는 최근의 학자들은 유기적 연대가 강제하는 개인의 실종에 주목하면서 기계적 연대와 유기적 연대의 관계가 역전되어야 함을 주장하기도 한다. 마페졸리M. MAffesoli, 박재환 역(1994), 앞의 책, 55-56쪽.

2. 바닷가형 투박한 기질

　부산사람들은 타인과의 교류에서 겉과 속을 따로 두지 않는다. 대륙계통의 사람들이 존중하는 까다로운 예의범절을 오히려 위선적이라 생각한다. 오히려 화끈하고 솔직하게 자기의사와 욕구를 표현하고 발설하는 것이 더 인간적이고 자연스럽다고 생각한다. 그렇다 보니 걸러지지 않은 말투, 표현, 태도들은 거칠고 투박할 수밖에 없다. 게다가 바닷가의 생활과 노동은 대체로 거칠 수밖에 없다. 거친 바다와 싸워야 하고 그와 연관된 일들과 이를 수행하기 위한 일상생활은 어느 하나 거칠고 험하지 않은 것이 없다. 작은 고깃배가 바다로 나가든 큰 상선이 대양을 향해 나가든 거친 바다에 자기생존을 보장받을 수 있는 것은 아무것도 없다. 항상 마주치는 삶의 절박함에 투박하고 거친 자기생존의 본능적 몸부림으로 반응할 수밖에 없다. 게다가 부산사람들은 급하다. 변화무쌍한 날씨와 급히 들이닥치는 왜구들의 공격에 익숙하다 보니 느긋할 여유가 없다. 운전도 급하게 하고, 말도 급하고, 일도 급하게 한다. 급하게 하다 보면 필히 거칠게 된다.

　투박함이 가장 표면적으로 드러나는 것이 말투다. 부산말이 거칠고 투박하게 들리는 몇 가지 언어적 특징이 있다. 음운적으로 강하고 센 소리인 경음이나 격음의 사용이 많고, 음절 축약 같은 축약 현상은 소리의 강화를 동반함으로써 부산말은 강하고 거센 말로 이미지화된다.

상황을 압축하여 짧게 말하는 방식이다 보니, 관계 형성을 위한 표현이나 겉치레 말을 사용하지 않는다. 에둘러 말하기보다는 본론부터 단도직입적으로 말하는 방식 등은 부산말이 직설적이고 무례해 보이게까지 한다. 일상생활 언어습관 중에 비속적인 표현을 많이 섞는다. 이는 언어 예절을 중시하는 말이라고 하기에는 거리가 먼 것처럼 보인다. 이런 부산말에서 묻어나는 직설적이고 거센 이미지는 부산사람들의 무뚝뚝하고 사교성이 없지만 솔직한 성격과도 관련이 있다.

축약이 많고 직설적인 말하기 방식이 많이 사용되는 부산말은 언어 사용의 경제적 원칙이 작용한다. 나아가 비위를 맞추는 말로 인심을 얻기보다는 상대방에게 분명하고 꾸밈없이 자신의 의사를 전달하려는 솔직함이 반영되어 있다. 여기에는 말보다는 행동으로 믿음을 주려는 부산사람들의 성향 역시 반영되어 있다. 겉으로는 명령하는 표현이나 비속적인 표현들이 사용되어 무례해 보이지만, 그 이면에는 형식적인 언어 표현을 넘는, 친밀함이라는 관계적 의미가 자리하고 있다. 이처럼 거세고 직설적이고 무뚝뚝하게 보이는 부산말 속에는 언어 사용의 경제적 원칙과 함께 다른 말로는 대체할 수 없는 솔직함과 은근함, 친근감이 배여 있다.[210]

거칠고 투박한 기질적 표현은 부산에서 만든 도자기에서도 고스란

---

210) 차윤정, 「거세고, 직설적인 부산말」, 『부산역사문화대전』, 한국학중앙연구원, http://busan.grandculture.net/Contents?local=busan&dataType=01&contents_id=GC04219016(2020년 10월 12일 검색)

히 드러난다. 일본 사람들이 성城과도 바꾸지 않는다는 이도다완井戶茶碗도 얼핏 보면 거친 막사발에 불과하다. 그러나 일본의 도자기가 따라올 수 없는 울퉁불퉁하지만 거친 자연미, 중국의 도자기가 범접할 수 없는 기교로 꾸미지 않은 소박함을 겸비한 도자기다. 일본인들 스스로 "좋은 찻사발을 넘어 위대한 찻사발"이라는 극찬을 한 도자기가 바로 법기요와 부산요釜山窯였다.[211] 바닷가 특유의 거칠고 정제되지 않은 기질, 꾸미기보다는 있는 그대로를 드러내는 것이 더 인간적이라고 믿는 분위기가 이러한 투박함을 하나의 기질적 특성으로 유지해왔고 이를 바탕으로 도자기라는 예술적 작품으로 형상화하였던 것이다.[212]

---

211) 중세 15세기까지 자기를 만들 수 있는 국가는 중국, 한국, 베트남뿐이다. 일본은 임진왜란기에 압송한 도자기 기술자와 기술을 익힌 연후에 17세기가 되어서야 '자기'의 역사가 시작된다. 정유재란 때 끌려간 이삼평에 의해 탄생한 아리타(有田)자기를 바탕으로 일본인의 특성대로 모방과 변형을 거쳐 유럽에까지 수출을 하게 되는 자기기술의 발전을 이룬다. 그런데 당시 일본 지배층이 선호하던 도자기는 라쿠 도자기, 가라쓰 도자기, 하기 도자기 등이었지만 이들보다 더 선호하는 도자기가 바로 부산 법기리에서 건너간 이라보다완, 호히미시다완, 도도야다완 등이었다. 신한균, 「부산요 궤적을 좇다」, 〈부산일보〉, 2019년 3월 5일자.

212) 다완(茶碗)이나 막사발의 지역적 기원과 그 제작에 있어서 임란 이후 왜인들의 주문에 의한 생산이라는 창조성의 한계 등에 관한 논란도 있다. 그러나 우리가 주목하고자 하는 것은 거칠음과 정제되지 않음을 미적으로 승화시킨 그 예술적 결과물이 동래 일원에서 생산되었다는 역사적 사실이다.

법기요 기법으로 만들어져 일본 중요문화재로 지정되어 있는
쓰쓰이쓰쓰(簡井簡)
자료: 신한균. <부산일보>, 2018년 12월 26일자.

부산인들의 투박함은 주거공간에도 나타나 있다. 부산 서민성의 투박한 공간적 원형성은 산동네에서 찾을 수 있다. 바닷가 도시의 공간 환경은 임해부 산업공간과 함께 배후지역의 상업·주거공간이 연계되어야 기능·경관적으로 완성이 된다. 부산의 경우 항구지역과 배후 상업지역, 산동네의 주거지역으로 배열이 되어있다. 특히 다른 지역에는 보기 힘든 산복도로 주변의 산동네는 항구도시의 지형적 한계를 극복한 독특한 배치와 풍경을 나타내고 있다. 이곳은 경사가 급하고 필지가 좁아서 반듯한 집들이 들어서기는 힘들다. 그렇다 보니 기름종이로

묻힌 루핑지붕을 이거나, 판자로 벽을 세우거나, 야산의 돌들로 석축을 쌓거나, 심지어는 묘지 비석들을 주춧돌로 깔고 앉는 등 투박하고 거친 재료들을 활용할 수밖에 없었다. 좁은 공간을 최대한 활용하는 지혜를 쌓아왔고, 앞집은 뒷집을 가리지 않는 배려의 미덕을 길러왔다. 이곳은 접근하기 힘든 높은 곳에 사는 불편함을 바다로 향해 툭 트인 경치로 보상받는 평등의 공간이다. 이처럼 산복도로는 부산의 서민들에게는 거칠지만 근대적인 생활공간을 제공하였다. 대부분 전국의 피란민들에 의해 형성된 산동네 주민들에게는 기존의 어떠한 신분상의 차이도 별다른 의미가 없었다. 그들은 서로 담 없이 맞닿은 판잣집에서 내일의 꿈을 키우다가 전쟁 후 전국의 각지로 흩어져 자기들의 삶을 영위해 갔다. 이것이 부산사람들 특유의 서민성을 낳았다. 그러기에 부산은 근대 한국 서민들의 실질적인 고향이라 해도 과언이 아니다.[213]

투박성은 그 자체로 가치중립적인 기질적 표출 방식이다. 거친 파도와 외부 공격에 역사적으로 축적된 반응양식이기도 하다. 이러한 거칠음은 저항성의 표출적 방식이다. 저항정신에서 비롯한 거칢은 야성을 중시하는 문화적 기풍을 낳았다. 국가나 공동체적 가치가 위기에 처해 있을 때 부산은 이들을 지키기 위하여 언제나 선봉에 서서 행동으로 실천해왔다. 일제강점 하에서도 끊이지 않았던 독립운동과 노동자들

---

213) 대안사회를 위한 일상생활연구소(2012), 앞의 책, 195쪽.

의 저항, 군사독재에 항거한 민주화운동 등 모든 과정에서 부산은 역사적 저항의 마중물과 같은 역할을 수행해왔다. 불의에 대한 부산사람들의 저항정신은 이처럼 역사 속에서 체득한 정신이다. 그 저항정신이 바닷가 특유의 투박한 기질로 표출된 것이다. 다른 한편 바닷가형 투박성은 기성으로부터 탈주와 새로운 도전과 친화력이 있다. 창의적 예기표출을 가능하게 하는 도전과 새로운 시도는 호기심에서 시작하지만 기성의 제도와 질서에 대한 저항의 원천이 되고 있음은 눈여겨볼 부분이다. 기존 양식이나 장르를 기발하게 뛰어넘는 예술, 예능인들이 부산지역에서 유독 많은 것도 이러한 지역정체성과 관련이 크다.

그러나 이러한 거친 성향은 대부분 세심한 마무리가 부족할 수밖에 없다. 최근 문화적 경향이 세련된 마무리를 강조하는 맥락에서 보면 투박함은 치명적 약점이 될 수 있다. 특히 투박함을 원색적으로 표출하며 공동체 예법을 무례하게 해치는 것은 문화적 소양 부족으로 비칠 수밖에 없다. 특히 타인과의 적절한 경계선을 넘어 프라이버시를 침해하는 거칢은 분명 극복해야 할 특성이다.

3. 고맥락형 무뚝뚝한 기질

부산은 오래전부터 왜구의 침탈을 받아왔고 임진왜란 최초의 격전지, 일제강점기 수탈의 최초, 최후의 보루로서 과거의 전통적 문화를 원형대로 계승할 수 없었다. 그러나 끊임없는 침탈과 문화접변 과정 속에서 침전된 혼종문화는 부산인의 기질에 깔려 있다. 보통의 서민들이나 일반인들이 전쟁이나 문화충격 등으로 자기 스스로가 감당할 수 있는 범위를 넘어설 때는 '기가 찬다'는 표현을 쓴다. 말 그대로 자기가 감당할 수 있는 방어기제를 넘어선다는 것이다. 이런 경험을 할 때는 통상 말문을 닫거나 말수를 줄이게 된다. 거친 바다에서 험한 일을 할 때에는 그렇게 강인하던 사람들이 일상생활에서는 말이 없는 모습을 멜빌H. Melville은 불후의 명작 백경Moby Dick에서 예리하게 포착하였다.

"

정말로 놀랍게도 거의 모든 사나이가 깊은 침묵에 잠겨 있었던 것이다. 아니 그뿐 아니라 부끄러워하기까지 했다. (중략) 대양에서 큰 고래를 실어 올릴 때는 절대로 부끄러워하지 않았다. 첫 대면하는 고래와 눈 하나 깜짝하지 않고 결투하여 잡았다. [214]

"

214) 멜빌(H. Melville), 이가형 역, 『백경(MobyDick)』, 동서문화사, 2016, 70쪽.

그런 맥락에서 부산인들의 지속적인 낯선 경험과 충격은 말보다는 눈빛의 소통을 강화하였을 것이다. 또한 거친 바다와 싸우고 해양의 예측불가능한 난폭함을 극복하기 위해서 조곤조곤함의 소통보다는 강인함과 일괄적 소통의 틀이 필요했을 것이다. 이러한 환경적·역사적 여건이 부산인들로 하여금 고맥락의 무뚝뚝함을 형성시켰을 것으로 보인다. 또한 낯섦과 새로움이 일상적으로 경험되면서 항상 이질적인 것과 섞이는 것이 일상화된 문화는 섣불리 어떤 발화행위를 주저케 만든다.

홀E.Hall에 의하면 '고맥락의 문화 환경에서는 자기 마음속에 있는 이야기를 할 때 상대방이 자신이 하려는 말을 이미 알고 있다고 믿기 때문에 구체적으로 이야기할 필요가 없다고 생각한다.'[215] 그의 표현대로 고맥락 문화의 다원적인polychronic 언어습관은 인간에 대한 높은 신뢰와 믿음을 바탕으로 한다. 인구 규모가 작고 부산포 바닷가에 옹기종기 모여 살면서 공통의 피해의식과 이윤추구의 공감대가 있었던 시절에는 이러한 믿음을 바탕으로 한 고맥락의 말수가 적은 무뚝뚝함은 통용될 수 있었을 것이다. 그러나 대규모 인구집중이 메트로폴리탄 도시로 발전하면서 필연적으로 경제적 양극화가 심화되면서 서로를 믿는 신뢰의 끈은 약해질 수밖에 없다. 최근에는 부산시민 80% 이상이 각 분야에서 격차를 일상적으로 느끼고 살고 있다고 한다.[216] 일상적으로 격차를

---

215) 에드워드 홀(E. Hall), 최효선 역(2000), 앞의 책, 162쪽.
216) 부산시민 80.8%가 "부산에 살면서 격차를 느낀다"고 답했다. 가장 크게 체감하는 격차로 주

느끼고 산다는 것은 자연스럽게 신뢰의 상실과 사회자본의 약화로 이어질 수밖에 없다. 부산사람들은 여전히 타인과 이웃에 대한 신뢰의 정情적인 요소가 생활미덕으로 존중되고 있다. 우스갯소리겠지만 기업의 영업맨들 중에 인간관계와 정情적인 포인트를 집어내는 데에는 부산의 영업맨들을 전국에서 따라갈 데가 없다고들 한다. 그만큼 말수는 적고 표현은 서툴지만 그 무뚝뚝함의 이면에 정감을 바탕으로 한 인간적의 교류를 중시하는 문화적 기질이 깔려 있다.

사회적 경험이 언어를 형성하지만, 언어가 우리의 경험을 규정하기도 한다.[217] 따라서 무뚝뚝한 언어, 태도, 문화적 습관들은 바닷가라는 자연환경 속에서 형성된 일상적 경험이 그러한 반응들을 만들었을 것이다. 나아가 복잡하고 다원적이며 비선택적인 역사적 경험이 이를 강화하였을 것이다. 또한 그렇게 만들어진 언어습관들이 다시 삶의 흐름을 규정하면서 재강화되는 순환구조를 만들어 왔다고 보는 것이 타당할 것이다. 한편 이러한 고맥락형 무뚝뚝함은 표현된 것보다는 표현되지 않은 것을 중시하는 문화를 발달시켜왔다. 부산사람들은 표현되

거를 비롯한 생활환경(29.6%)을 들었다. 산업경제(20.8%) 교육환경(18.7%) 문화(15.3%) 사회복지(8.2%) 등이 뒤를 이었다. 분야별로 제시된 6개 분야의 점수는 산업경제 3.80점, 생활환경 3.75점, 교육환경 3.59점, 문화 3.55점, 교통 3.39점, 사회복지 3.37점으로 집계됐다. 전 분야에서 '보통' 이상의 심각성이 감지된다. 격차 발생 원인으로는 '소득 소비 불균형'(36.3%) '지역별 재정 투입 차이'(27.0%) '교육 취업을 비롯한 기회 여건의 차이'(10.3%) '지리 지역적 공간의 차이'(9.5%) 등이 언급됐다. 〈국제신문〉, 2020년. 9월 1일자.

217) 홀(Hall, Edward). 최효선 역(2000), 앞의 책, 34.

지 않았음에도 시간이 지나서 그 표현되지 않았음을 상호 공유하고 일치하는 것을 확인할 때 인간적으로 사는 맛을 느끼곤 한다.

부산사람들은 낯선 외지와 타국의 문화와 섞이는 것이 일상화되었다. 따라서 혼종적인 것에 대한 거부감도 상대적으로 적다. 그러나 여전히 생활 속에서 새로운 것과 섞이거나 이질적인 것에 대해 쭈뼛거리는 생활상 방어기제는 다양하다. 그러한 것 중의 하나가 새로움에 대한 집착과 변화감수성이 높다는 특징을 보인다. 그 결과 전통에 대한 존중이 상대적으로 약하고, 새로운 가치체계가 확고하게 정립하기 어려울 때에는 항상 불안정한 아노미 상태가 지속될 수밖에 없다. 그처럼 불안정한 환경 속에서는 단호하고 명확한 상황규정을 유보하고 보류하게 된다. 그렇다 보니 모든 판단과 감정을 담아놓았다가 한꺼번에 쏟아 붓는 불뚝 성질로 나타난다. 이를 역사적 시야로 확산시켜보면 항상 조용한 듯하다가 상황을 뒤집는 용기로 평가해줄 만한 부분이 있다. 그러나 이해당사자와 소통적으로 마무리하는 성의나 사회관계의 세심한 소통 기술은 부족하다. 부산사람들은 마무리를 이렇게 하려고 한 게 아닌데, 정말 어떻게 말이나 일을 잘 마무리할까를 잘 몰라서 오해를 받는 경우가 많다. 이처럼 무뚝뚝함은 단순히 말수가 없음으로 끝나는 것이 아니라, 정확한 의사소통 기술의 부재로 이어진다. 나아가 결과도 중요하지만 과정이 중시되는 최근 의사소통의 흐름에는 종종 오해를 불러일으키기도 한다.

고맥락형 무뚝뚝함은 일견 단점으로 비친다. 그러나 전통적으로 겉은 거칠지만 속은 깊은 가치를 지향하는 기질은 표피적이고 경박한 소통문화가 횡행하는 이 시대에 깊은 성찰과 혜안을 위한 문화적 토양이라는 측면도 동시에 조명되어야 한다. 부산문화의 뿌리인 무뚝뚝함과 거칢은 부산인의 말이나 행동 등 '바깥'을 아우르는 정신이라고 볼 수 있다. 그러나 말하지 않음의 적극적 자기성찰의 가치는 '안'을 아우르는 정신이라고 볼 수 있다.[218]이처럼 만약 고맥락형의 무뚝뚝함이 내면의 가치를 존중하는 성찰의 언어와 생활문화로 승화될 수 있다면, 이는 미래적 소중한 기질적 표현이나 생활가치로 발전할 수 있을 것이다.

---

218) 부산인들의 거칠고 무뚝뚝한 '바깥' 정신과 대비되어 '안'을 중시하는 기질적 특성을 신선스럽다고 표현하기도 하였다. 김무조, 「부산문화의 원형적 시각」, 『21세기를 향한 부산정신의 모색』, 석당전통문화연구원, 2000, 67쪽.

이제 부산인이 상업과 별리와 배제에 대응하면서 형성된 의리와 저항정신은 새로운 시대에 도전을 맞고 있다. 개인주의, 초연결사회, 기술과 인공지능체가 인간의 통제 범위를 넘어선다는 특이점 시대를 향해 질주하고 있는 이 시대는 기존의 가치와 질서가 완전히 바뀌고 있다. 이러한 시대에 부산인의 부산인의 의리와 저항정신 그리고 그 표출양식인 기질들이 어떻게 진화·발전할지 자못 궁금하다.

6

부산정신과 기질,
어디로 가야 하는가

아무리 왕조가 변경邊境이라고 무시해도 부산은 자학하지 않았다. 왜구들의 끊임없는 노략질에 시달려도, 항구 때문에 식민지 침탈 전초기지의 수탈이 가혹했어도 포기하지 않았다. 전쟁과 피란의 참상이 엄혹해도, 산업화의 그늘인 빈곤이 남루해도 부산은 쓰러지지 않았다. 변방의 포구도시는 역사의 격랑을 스스로 온몸으로 헤치고 나왔다. 역경속에서도 서민들의 혼은 들풀처럼 다시 일어났으며, 그 신산한 삶의 흔적이 지역기질이라는 문화적 지문指紋에 생생하게 남아있다. 임진왜란의 참담함을 겪고서야 뒤늦게 조선왕조는 부산의 중요나라 남쪽의 중요한 목구멍이라는 남요인후南徼咽喉로 인식하였다. [219] 그러나 그 후에도

---

219) 부산진성(釜山鎭城) 입구에 서 있는 '남쪽의 요지이자 목구멍'이라는 남요인후(南徼咽喉)
    비석이 오히려 스산하게 느껴진다. 이곳은 임진왜란 때 부산을 방어한 일차적 성(城)이자

반역향의 굴레 속에서 소외되고 배제되었다.

임란 이후 부산진성 성문 입구에 설치한 '남요인후' (南徼咽喉) 비석

이제 부산인이 상업과 별리와 배제에 대응하면서 형성된 의리와 저항 정신은 새로운 시대에 도전을 맞고 있다. 개인주의, 초연결사회, 기술과 인공지능체가 인간의 통제 범위를 넘어선다는 특이점 시대를 향해 질주하고 있는 이 시대는 기존의 가치와 질서가 완전히 바뀌고 있다. 이러한 미래를 앞두고 부산인의 의리와 저항정신 그리고 그 표출로서의 부산인의 기질이 어떻게 진화·발전할지 자못 궁금하다.

일본군이 다시 쌓은 성인 역사적 적층의 상징이다. 게다가 부산 지명의 원형에 관한 논란의 공간이기도 하다. 역사를 거슬러 올라가면 부산포 개항과 왜관의 출발지라는 역사적 요충지이기도 하다. 그런데 이러한 공간을 대하는 부산사람들의 태도가 어떤지를 냉엄하게 자성해 봐야 한다. 물론 행정과 정책의 관심 정도는 말할 나위가 없다.

그 출발은 부산인 기질적 정체성에 대한 정확한 자각에서부터 일
것이다. 일찍이 부산과 부산사람들에 관해 평생을 연구한 솔뫼 최해군
선생도 부산사람들의 기질적 과제를 지적하면서 이를 고쳐나가야 하는
안타까움을 피력한 바 있다. '맹목적으로 '욱'하는 성질이나 퉁명스러움
은 가족은 물론 이웃 사이의 융화력과 집단 간의 포용력을 잃고 국제사
회의 일원으로서는 세련미와 유연성을 잃는다'[220]고 지적하였다. 또한
'거칠음이나 저항이 고질화로 성품화性品化되어 이에도 저에도 저항으로
거칠어진다. 유연성이나 포용력을 가지지 못한 사람의 거친 저항력은
융화력을 잃고 집단에서 외톨박이로 낙오되는 경우를 항용 보게 된다.
따라서 유연성과 포용력을 극복하기 위해서는 지성과 문화성이 필요하
다. 이 지성과 문화가 거칠음과 고질적 저항성을 극복하는 지혜를 낳는
다'[221]고 설파하였다.

몇 년 전 부산지역사회는 부산이 지향해야 할 미래가치를 포용성,
역동성, 해양성, 쾌적성, 의리성 등 다섯 가지로 정리한 바 있다. 타인
을 배려하고 '나'와 '우리'를 아우르는 넉넉하고 개방적인 포용성과 화
끈한 기질과 끼를 바탕으로 새로운 창조문화를 만들어가는 활력으로서
역동성을 먼저 들고 있다. 또한 천혜의 바다를 통해 세계와 소통하는 미
래지향의 경제와 윤택한 생활의 원천인 해양성, 자연과 일상이 어우러

---

220) 최해군(2000), 앞의 책, 329쪽.
221) 위의 책, 329-330쪽.

진 생태적 환경에서 시민이 함께 즐기는 여유로운 삶의 쾌적성을 제시하였다. 마지막으로 불의에 타협하지 않는 생활 속의 의리와 화합으로 더불어 사는 공동체 정신인 의리성 등으로 부산인이 지향해야 할 미래가치로 정리하였다.[222] 사실 당시 제시한 미래가치는 현재의 아쉬운 부분을 보완한다면 지역기질의 미래적 가치가 충분히 될 수 있다는 현재의 성찰과 미래의 지향이라는 측면을 동시에 담고 있다.

이러한 성찰을 바탕으로 우리가 눈여겨보고자 하였던 것은 부산시민들이 거의 간과하고 있었던 상업도시의 체질이다. 수백 년간 체질화된 이러한 상업도시의 DNA가 지역정신과 기질에 어떻게 체화되었는가 하는 것이다. 또한 이 시점에서 어떤 부분을 승화·발전시켜야 하는가이다. 또한 별리의 일상화가 역사적으로 어떻게 이루어져 왔으며, 이것이 부산지역과 지역민에게 어떤 영향을 주었는가 하는 것이다. 마찬가지로 부산사람들이 그것에 어떻게 대응하였는가 하는 것이다. 그동안 우리는 이러한 포구, 항구, 해양성 등 자연적, 지정학적 조건을 중심으로 주어진 환경만을 강조하였다. 그러나 이러한 소여所與의 여건이 지

---

222) 부산광역시·부산발전연구원, 〈부산미래가치 선언문〉, 2013년 10월 5일. 부산직할시 승격 50주년을 맞이하여 시민의견 수렴과 전문가들의 참여를 통해 객관적으로 작업을 수행하였다. 그러나 지금 와서 평가해 보면, 역사적 배경에 대한 천착이 좀 미흡하였으며, 지향하고자 하는 미래가치의 속성별, 특성별 차별성을 감안하기보다는 너무 병렬적으로 제시하였지 않나 하는 아쉬움이 있다. 이러한 평가 위에서 우리는 핵심적 가치, 기질이 무엇인가에 대한 시도를 하게 된 배경이기도 하다. 또한 이를 바탕으로 지역민의 집단기억과 이것이 생활 속에 표출되는 양상과 스타일의 중요성에 주목하고자 하였다.

역민의 기질과 정체성에 어떠한 과정을 거쳐 얼마나 큰 영향을 미쳤는가에 대한 섬세한 분석을 간과하였다는 자성을 하게 된다. 흔히 부산의 개방성을 해양성의 발로로 해석하지만, 국내외의 모든 해양도시가 부산과 같은 개방성과 포용성을 지니는 것은 아니다. 또한 많은 도시들이 전쟁을 겪었지만 부산처럼 전쟁 와중에서 전국의 피란민들과 함께 생존을 도모했던 것도 아니다. 이처럼 역사적으로 특수한 경험은 이질문화에 대한 수용성을 높였고, 이를 다시 바탕으로 새로운 문화를 생산하는 문화적 순환구조를 만들게 되었다.[223]

그런데 과연 부산의 상업도시의 역사적 흐름과 전통에 대한 지식과 자부심이 부산사람들에게 어느 정도 있는가에 대해 의문이다. 무턱대고 실체가 모호한 '동래' 중심의 양반정신을 내세우는 것도 아쉽지만, '최초 개항'이라는 달콤한 정치적 레토릭에 끌려서 원도심 편향적 인식도 아쉬운 부분이다. 누가 뭐라 해도 부산은 동래와 부산포, 부산포와 동래의 장소적 길항관계 속에서 성장, 발전해 왔던 것이 사실이다. 결국 '부산포'와 '부산항' 중심의 부산 생활공간 무게중심 이동과 장소철학의 전환이 갖는 역사적 의미가 무엇인가에 대한 객관적이고 냉정한 평가가 필요하다.

이러한 문제의식을 바탕으로 우리는 해양관문이자 남단 변경지역

---

223) 대안사회를 위한 일상생활연구소(2012), 앞의 책, 195쪽.

인 부산의 지정학적 특성으로 인한 침략, 충격, 배제, 변경성을 수용, 극복하는 과정에서 지역기질이 형성되어 왔음을 이해하게 되었다. 이 과정에서 다양한 사람들이 섞일 수밖에 없었고, 포용하였으며, 또한 바다를 향해 새로운 탈주를 시도하였던 혼종문화의 특성을 확인하였다. 상업도시의 전통과 이별이 일상화되고 배제가 구조화되는 가운데 의리와 저항의 지역정신을 배태하는 중요한 토양이 되었음을 이해하였다. 결국 의리정신은 내면적으로, 저항정신은 관계적으로 체화하고 있음을 파악하였다. 이러한 의리와 저항정신이 부산사람들의 생활상으로 표출되는 과정을 통해 한솥밥형 집합성, 바닷가형 투박성, 고맥락형 무뚝뚝함의 기질로 나타남을 확인하였다. 나아가 이러한 기질에 대한 인식은 자연스럽게 세대 간 전승이 이루어지고 있음을 알 수 있다. 이는 부산의 기성세대뿐만 아니라 부산의 젊은이들도 부산사람의 성격의 장점을 의리와 화끈함으로 인식하고 있는 데에서 알 수 있다.[224]

　　모든 지역정신과 기질이 다 그렇지만 특히 부산인의 지역정신과 기질적 특성은 그것이 표출되는 과정에서 양가성이 강하게 나타난다. 한솥밥적 집합성이 내포한 권위적 집합주의의 속박가능성은 개인주의를 극복할 수 있는 미래공동체적 포용성과 동시에 표출될 수 있다. 마찬

---

224) 부산지역 대학생들에 대한 한 조사결과에 따르면 부산사람들의 성격 중 좋은 점을 '의리있다'(17.8%), '화끈하다'(17.6%), '활기차다'(14.3%) 순으로 인식하고 있다. 김대래 외, 「2018년 2학기 부산지역 대학생의 부산인식 설문조사 분석 - 경성대·부산대·신라대를 대상으로 -」, 『부산연구』 16(2), 신라대 부산학센터, 2018, 73쪽.

가지로 바닷가적 투박함의 '욱'하는 성질은 사회관계 단절의 위험을 안고 있다. 그러나 그 기질은 다른 한편으로 창의적 예기藝妓로 표출할 수 있는 잠재력을 담고 있다. 또한 고맥락의 무뚝뚝함은 소통의 가치가 절대적으로 요구되는 요즈음의 사회관계에 치명상이 될 수도 있다. 그러나 말보다는 내면상태를 중시하는 내적 가치지향성은 진지하게 성찰하고 극복, 발전시켜야 할 기질적 양면성이라 할 수 있다. 이러한 상황을 정확하게 포착한 최해군 선생은 다음과 같은 가슴 뜨거운 시로 그 한계와 돌파구를 적확하게 집어내고 있다.

"

지난날 이곳 사람을 거칠다 하고 무뚝뚝하다 하고 약삭빠르다고 한 그 말들은 옛말로 돌아갔다. 화통化通하다는 말이 새로 생겨났다. 화통은 가슴을 열고 서로가 너그럽게 통하는 화통이요, 풀려서 어울리는 화통이다. 이 화통은 오대양 육대주로 번져가야 한다. 화통은 순리順理의 근원이요, 화평和平의 근간이다.[225]

"

이 얼마나 통렬한 성찰이자 웅혼을 울리는 천착의 혜안인가? 무뚝뚝함이 안으로 닫히지 말고, 거칠음이 너그러움으로 녹아들고, 끼리끼리가 널리 어울리는 넉넉한 기질로서의 화통한 기질을 대안으로 제시

---

225) 유고집에 남긴 그의 '부산사람'이라는 시의 일부이다. 최해군, 『그날의 바람결에』, 해성, 2016.

한 것이다.

이처럼 몇몇 선각자들이[226]지역정체성에 관한 분야별 연구를 통해 소중한 성과들을 남겼다. 그러나 아쉬운 것은 부산인의 기질과 이를 광범위하게 포괄하는 선학들의 필생의 연구들을 이어갈 만한 후속연구들이 너무 일천하다는 것이다. 지금은 부산정체성에 관한 다양한 연구들이 집대성되고 치열한 연구성과들을 바탕으로 부산정신과 부산인의 기질적 특성에 대한 다양하고 진지한 논의가 매우 필요한 시점이다. 마땅히 이를 위한 인적 풀과 연구축적을 위한 지역사회의 관심과 제도마련은 더욱 시급하다.

부산학의 기반을 닦은 부산학의 원조들
(박원표, 최해군, 김대상, 김승찬, 김재승 선생-좌로부터)

---

226) 부산연구원 부산학연구센터에서 2020년 기획연구사업으로 『부산학의 원조들』이라는 제목으로 연구서를 발간하였다. 이는 그간 그늘진 곳에서 묵묵히 부산정신과 부산기질, 부산이라는 도시의 정체성과 본질에 천착한 연구자들을 재조명하는 작업이다. 이 작업은 매우 늦은 감이 있으나 의미 있는 정리 작업으로 평가할 만하다.

부산의 정체성과 부산인의 지역기질에 관한 풍부한 논의가 펼쳐질 이른바 '부산학의 황금시대Golden Age Of Busan Studies'가 와야 한다. 그 시기가 와야 지역정신과 지역기질의 장단점을 정확히 파악하고 또 그러한 논의가 공론의 장에서 숙성될 것이다. 지역정신의 긍정적 측면은 지역민의 자부심으로 승화되고, 지역기질의 부정적인 측면은 스스로 정화할 때라야만 지역정신과 기질은 중요한 사회자산으로 축적될 수 있을 것이다. 이처럼 지역정신과 기질적 사회자산은 물리적 인프라보다 더 강력한 소프트 인프라가 될 것이다. 왜냐하면 앞으로 지역발전에는 이러한 휴먼웨어와 공동체의 가치구조라는 인프라가 중요한 역할을 할 것이기 때문이다. 지역정신과 기질의 체계적 인식을 바탕으로 한 지역발전 전략만이 지역의 강점을 제대로 살릴 수 있을 것이다. 또 오랜 시간 계승·변형된 지역의 특성을 고려하여 지역을 나아가게 하는 강력한 정신적 무기가 되어줄 것이다. 우리는 믿는다. 우리가 딛고 있는 이 공동체의 정신과 기질을 스스로 정확하게 아는 것만이 오디세이 같은 험난한 항해에서 지혜로운 노스토스nostos, 귀향를 가능케 할 것임을.

참고문헌

* [논문 · 도서 · 보고서]

강남주, 「부산 문화의 미래가치를 말하다」, 『부산미래가치를 말하다』,
부산발전연구원 부산학연구센터, 2013, 96-131쪽.

강대민, 「부산 역사의 미래가치를 말하다」, 『부산미래가치를 말하다』,
부산발전연구원 부산학연구센터, 2013, 34-67쪽.

_____, 「일제하 부산지역의 항일민족해방운동의 기조」, 『문화전통논집』,
제7집, 경성대학교 한국학연구소. 1999, 65-83쪽.

___, 「부산지역 항일 학생운동의 성격」, 『문화전통논집』, 제9집,
경성대학교 한국학연구소, 2001, 71-91쪽.

고순희 외, 『BUSAN 도시이미지』. 부산발전연구원 부산학연구센터,
2004.

구모룡 외, 『마리타임 부산 : 부산의 항, 포구의 사람과 문화』, 부산발전연
구원 부산학연구센터, 2009.

구모룡, 「해항도시 부산의 특이성과 문화」, 『부산학개론』, 부산학교재편찬위
원회, 호밀밭. 2015, 90-116쪽.

_____, 「해항도시 부산의 특이성과 문화전략」, 『근대부산항 별곡』, 부산근대
역사관, 2016, 212-216쪽.

국방부 군사편찬연구소, 『조선시대 군사전략』, 국방부, 2006.

김강식, 『조선시대 해항도시 부산의 모습 : 군항과 해항』, 선인, 2018.

김경수, 「경상우도 유학의 흐름」, 『경남학연구』, 창간호, 경남학연구센터,
2019.

김기혁, 『釜山古地圖』, 부산광역시, 2008.

김덕영, 『에밀 뒤르케임 : 사회실재론』, 길, 2019.

김대래, 『개항기 일본인의 이주와 경제적 지배』, 부산연구원 부산학연구센터, 2019.

김대래 외, 「2018년 2학기 부산지역 대학생의 부산인식 설문조사 분석 경성대, 부산대, 신라대를 대상으로 -」, 『부산연구』, 16(2), 2018, 88-110쪽.

김돈, 「중종조 기묘사화 피화인의 소통문제와 정치세력의 대응」, 『국사관논총』, 제3집, 국사편찬위원회, 1992, 31-80쪽.

김동철 외, 『東萊史料1.2.3』, 여강출판사, 1989.

김동철, 「17~19세기 東來府 小通事의 編制와 對日活動」, 『지역과 역사』, 제17집, 부경역사연구소, 2005, 209-231쪽.

_____, 「15세기 부산포 왜관에서 한일 양국민의 교류와 생활」, 『지역과 역사』, 제22집, 부경역사연구소, 2008, 27-55쪽.

_____, 「통신사와 부산」, 『조선시대 통신사와 부산』, 2015, 부산박물관, 218-225쪽.

_____, 「19 세기 후반 동래상인의 존재와 활동」, 『지역과 역사』, 제38집, 부경역사연구소, 2016, 309-345쪽.

김무조, 「부산문화의 원형적 시각」, 『석당학술총서2, 21세기를 향한 부산정신 모색』, 석당전통문화연구원, 2000, 9-68쪽.

김민수 외, 『부산, 과거의 창으로 미래를 말하다』, 부산발전연구원 부산학연구센터, 2012.

김범, 「조선시대 사림세력 형성의 역사적 배경」, 『국학연구. 제19집(가을/겨울)』, 국사편찬위원회, 2011, 21-24쪽.

김성국, 「釜山人의 開放性과 抵抗意識」, 『부산 사회문화의 이해』, 부산발전연구원, 1997, 169-192쪽.

_____, 「선구자정신 : 정치사회학적 측면에서 본 부산정신」, 『석당학술총서 2, 21세기를 향한 부산정신 모색』, 동아대학교 석당전통문화연구원, 2000, 143-234쪽.

김성우, 「정조 대 영남 남인이 중앙 정계 진출과 좌절」, 『다산학』, 21권, 다산학술문화재단, 2012a, 76-101쪽.

_____, 『조선시대 경상도의 권력중심 이동』, 태학사, 2012b

김성준, 「조선전기 기호 사림파의 성립과 발전」, 영남대학교박사학위논문, 영남대학교, 1981.

김승 외, 한국해양대학교 국제해양문제연구소(편), 『신편부산대관』, 선인, 2011.

김용규, 『혼종문화론 : 지구화 시대의 문화연구와 문화적 상상력』, 소명출판, 2013.

김용욱, 『부산의 역사(歷史)와 정신(精神)』, 도서출판 전망, 2001.

김재승, 『기록사진으로 보는 부산　부산항 130년』, 부산광역시 중구청, 2005.

김한근, 부산광역시립중앙도서관 향토자료실, 『옛 사진으로 답사하는 근대 부산 100년(근대 개항에서 1970년대까지)』, 내사랑 부산자료 모음집, 제10호, 부산광역시립중앙도서관, 2011.

김형목, 「3.1운동 이후 부산지역 항일독립운동의 성격」, 『항도부산』, 제37호, 부산광역시, 2019, 153-190쪽.

김해창 외, 『재송마을 이야기』, 부산연구원 부산학연구센터, 2019.

김홍석, 「부산인의 사회문화적 특성과 전망」, 『부산사회문화의 이해』, 부산발전연구원, 1997, 224-239쪽.

나카노 노부코, 이영미 역, 『바람난 유전자』, 부키, 2019.

노영순, 이상열, 『지역쇠퇴에 대응한 지역학의 역할과 문화정책적 접근에 관한 연구』, 한국문화관광연구원, 2018.

대안사회를 위한 일상생활연구소, 『사건과 기록으로 본 부산의 어제와 오늘』, 부산발전연구원 부산학연구센터, 2012.

_____, 『부산의 노래 부산 속의 부산』, 부산발전연구원 부산학연구센터, 2014.

동래구청, 『동래변천 150년사』, 2016.

동래기영회, 『동래기영회 140년사』, 1984.

_____, 『동래기영회 170년사』, 2016.

동아대학교 석당전통문화연구원, 『석당학술총서 2, 21세기를 향한 부산정신의 모색』, 세종출판사, 2000.

로컬리티인문학연구단, 「로컬리티의 인문학 10년 : 소통과 확장」, 『한국민족문화연구소 HK로컬리티인문학연구단 제10회 국내학술심포지엄 자료집』, 부산대학교 한국민족문화연구소 로컬리티의 인문학연구소, 2017.

류종목, 「구비문학에 표현된 부산정신」, 『석당학술총서2, 21세기를 향한 부산정신 모색, 동아대학교 석당전통문화연구원, 2000, 235-282쪽.

박기현, 「초량왜관을 다녀간 두 군의(軍醫), 시마다 노부우미와 사네요시 야스즈미」, 『부경교회사 연구』, 제68호(2017년 7월), 부 경 기독교 역사연구회. 2017. 54-64쪽.

박원표, 『開港九十年 : 釜山의 古今시리즈 2』, 태화출판사, 1966.

박재환, 「부산 사회의 미래가치를 말하다」, 『부산미래가치를 말하다』, 부산발전연구원 부산학연구센터, 2013. 68-95쪽.

박재환, 일상성일상생활연구소, 『부산인의 신생활풍속』, 부산발전연구원 부산학연구센터, 2004.

_____, _____, 『부산의 장터』, 부산발전연구원 부산학연구센터, 2007.

박천우 외, 「을사사화에 관한 일고찰」, 『장안논총』. 제19집, 장안대학, 1999, 69-87쪽.

박창희, 『부산정신을 세운 사람들』, 해성, 2016.

박화진, 「조선시대 국경지역의 이국관 동래 부산포를 중심으로-」, 『동북아문화연구』, 29, 2011, 147-165쪽.

박훈하 외, 『부산의 음식 생성과 변화』, 부산발전연구원 부산학연구센터, 2010.

변광석, 「무역으로 큰 돈 번 동래상인」, 『시민을 위한 부산의 역사』. 부경역사연구소, 2003.

부마민주항쟁기념사업회, 『부마민주항쟁 연구논총』, 민주공원, 2003.

부산광역시 정책개발실, 『수도권과 비수도권 격차해소를 위한 대응방안』, 부산광역시, 2000.

부산광역시, 『부산항 '개항 역사' 시민공청회 자료집』, 부산광역시, 2019.

부산광역시사편찬위원회, 『부산시사1』, 부산광역시, 1998.

_____, 『부산의 자연마을』, 제1권, 부산광역시, 2006.

부산광역시, 경성대학교, 『초량왜관 관광자원화 방안 연구』, 부산광역시, 2018.

부산광역시, 부산대학교, 『釜山古地圖』, 부산광역시, 2008.

부산근대역사관, 『근대 부산항 別曲』, 부산근대역사관, 2016.

부산광역시 중구, 『부산개항 121년과 함께 사진으로 보는 중구 반세기』, 부산광역시 중구청, 1997.

부산민주운동사편찬위원회, 『부산 민주운동사』, 부산광역시, 1998.

부산박물관, 『초량왜관 교린隣의 시선으로 許하다』, 부산박물관 학술연구총서, 제54집, 부산박물관, 2017.

_____, 「부산의 정체성과 역사 쟁점 1회 부산의 고대사」, 『부산박물관 개관 40주년 기념 학술 심포지엄 자료집』, 부산박물관, 2018.

_____, 「부산의 정체성과 역사 쟁점 2회 부산의 근세사」, 『부산박물관 개관 40주년 기념 학술 심포지엄 자료집』, 부산박물관, 2018.

부산발전연구원, 『부산시민의 라이프 스타일에 관한 기초조사 보고서』, 부산발전연구원, 2018.

부산발전연구원 부산학연구센터, 『부산항변천사』, 부산발전연구원, 2003.

_____, 『부산학연구』, 부산발전연구원, 2003.

_____, 『부산학 시론』, 부산발전연구원, 2005.

_____, 『2009 부산학 연구』. 부산발전연구원, 2009.

부산을 빛낸 인물 선정위원회, 『20세기 부산을 빛낸 인물(Ⅰ)』, 부산광역시, 2004.

_____, 『20세기 부산을 빛낸 인물(Ⅱ)』, 부산광역시, 2005

부산일보사, 『개항백년 : 釜山史의 再照明』, 동성출판사, 1976.

부산지방보훈청, 『부산 지역의 항일운동과 독립 유공자』, 1990.

_____, 『부산독립운동사』, 1996.

부산직할시, 『開港百年』, 부산직할시, 1976.

_____, 『부산문화』, 부산직할시, 1992.

부산학교재편찬위원회, 『부산학』, 부산학교재편찬위원회, 2018.

뿌리깊은 나무, 『한국의 발견-부산』, 뿌리 깊은 나무, 1992.

사사키 마모, 류교열 역, 「해항도시문화학의 창성 새로운 동아시아론의 구축을 향해서」, 『해양문화학』, 2005. 135-144쪽.

서인범, 『통신사의 길을 가다 : 전쟁이 아닌 협상으로 일군 아름다운 200년의 외교 이야기』, 한길사, 2018.

송규진 외, 『통계로 본 한국근현대사』, 아연출판부, 2004.

송정숙, 「부산의 기억과 로컬리티」, 『한국도서관 정보학회지』, 43(2), 한국도서관 정보학회, 2012, 343-364쪽.

송치욱, 「16세기 조선의 하학론 연구 : 남명 조식과 래암 정인홍을 중심으로」, 한국학중앙연구원 박사학위논문, 2017.

신경철, 「삼국시대의 부산」, 『부산의 역사와 자연』, 부산라이프신문사, 1992, 123-212쪽.

신규성, 「한말과 일제하의 부산기업인의 사상과 기업가정신」, 『석당학술총서 2, 21세기를 향한 부산정신의 모색』, 석당전통문화연구원, 2000, 283-341쪽.

신명호, 「조선시대 地理志 項目과 부산 이미지」, 『동북아문화연구』, 25, 2010, 143-162쪽.

앙리 르페브르, 양영란 역, 『공간의 생산』, 에코리브르, 2011.

양홍숙, 「조선후기 동래 지역과 지역민 동향 : 왜관 교류를 중심으로」, 부산대학교박사학위논문, 부산대학교, 2009.

_____, 「地域史의 관점에서 보는 倭館」, 『지역과 역사』, 39, 부경역사연구소, 2016, 357-389쪽.

_____, 「비석에 새겨진 '善政'과 '不忘' -동래부사의 사례-」, 『지역과 역사』, 43, 부경역사연구소, 2018, 5-58쪽.

엄숙 편저, 정중환 김석희 역, 『忠烈祠誌』 4권, 민학사, 1978.

역사문제연구소, 『한국 근현대 지역 운동사1-영남 편』, 여강출판사, 1993.

오재환, 「부산정체성의 발견과 부산학」, 『한국지역학포럼 발표 자료집』, 부산발전연구원, 2012.

_____, 「부산학연구의 성과와 과제」, 『지역학의 발전방향 세미나 발표 자료집』, 광주문화재단, 2017.

오현석, 「요산 김정한의 '사하촌' 담론분석적 연구」, 『퇴계학논총』, 제35집, 퇴계학연구소, 2020, 227-257쪽.

윤대식, 「중도적 실천지로서 한국 : 동아시아 질서의 고전적 안정화 경로 추적」, 『글로벌정치연구』, 제6권 2호, 글로벌정치연구소, 2013, 57-84쪽.

이수건, 『영남학파의 형성과 전개』, 일조각, 1998.

이왕주, 「부산의 풍토, 부산문화, 부산사람」, 『Korean Architects』, 4, 한국건축학회, 1998, 74-78쪽.

이용득, 『부산항의 오래된 미래를 만나다, 부산항이야기』, 유진북스, 2019.

이영식, 「신라의 부산 진출은 이렇게 시작되었다」, 『시민을 위한 부산의 역사』, 부산·경남역사연구소, 1999. 46-50쪽.

이영호, 「동아시아 삼국에서의 한국유학 연구동향과 그 의미」, 『퇴계학보』, 제141집, 퇴계학연구원, 2017, 235-277쪽.

이중환, 『완역 정본 택리지 : 이중환, 조선 팔도 살 만한 땅을 찾아 누비다』, 휴머니스트, 2018.

이황(편집), 한형조(독해), 『성학십도 : 자기 구원의 가이드맵』, 한국학중앙연구원출판부, 2018.

이현주, 『동아대학교 석당학술총서 35 : 조선후기 경상도지역 화원 연구』, 도서출판 해성, 2016.

임호, 박경옥, 『부산시민의 라이프 스타일 기초연구』, 부산발전연구원, 2019.

장경준, 「17세기 초 동래부사의 일본 인식과 외교 활동」, 『조선시대 통신사와 부산』, 부산박물관, 2015, 226-237쪽.

_____, 『한형석 평전』, 산지니, 2020.

_____, 「대륙에 울려 퍼진 항일정신 : 먼구름 한형석」, 『공감 그리고』, Vol.37, 부산문화재단, 2020, 50-53쪽.

장순순, 「조선시대 왜관변천사 연구」, 전북대학교 박사학위 논문, 전북대학교, 2001.

정소연, 우신구, 「부산 개항장의 주요시설 형성과 변천에 관한 연구 -1876년 개항에서 1910년 합방까지」, 『대한건축학회지회연합회 학술발표대회논문집』, 2007, 336-339쪽.

정승철, 『방언의 발견』, 창비, 2018.

정약용, 「영남인물고서 (嶺南人物考序)」, 『국역 다산 정약용 시문집』, 민족문화추진회. 2008.

정진영, 「농법으로 조선시기 '영남의 부침'을 읽다」, 『지방사와 지방문화』, 제16권 제1호, 역사문화학회, 2013.

주희 ·여조겸(편저), 엽채(집해), 이광호(역주), 『근사록 집해』, 아카넷, 2017.

차용범, 『부산사람에게 삶의 길을 묻다』, 미디어줌, 2013.

최연주, 「일본의 부산 북빈매축과 비석마을」, 『일본근대학연구』, 59, 일본근대학회, 2018, 225-246쪽.

최영철, 『야성은 빛나다』, 문학동네, 1997.

_____, 『변방의 즐거움 : 시를 위한 산문』, 도요, 2014.

최해군, 『부산사 탐구』, 지평, 2000.

_____, 『그날의 그 바람결에』, 해성, 2016.

카타야마 마비, 「유물로 본 초량왜관 내 일본인의 생활 모습 : 초량왜관 선창부지 유적」, 『땅 속에서 찾아낸 부산역사의 재발견』, 부산박물관, 2019. 77-92쪽.

타민 안사리, 박수철 역, 『다시 보는 5만 년의 역사 : 인류의 문화, 충돌, 연계의 빅 히스토리』, 커넥팅. 2020.

한태문, 「조선통신사와 한일 문화교류」, 『조선시대 통신사와 부산』, 부산박물관, 2015, 208-217쪽.

허윤수, 김형균, 김미영, 『라이프스타일시대 부산도시정책의 전환』, 부산발전연구원, 2018.

홍순권 외, 『부산 ·울산· 경남 지역 항일 운동과 기억의 현장』, 선인, 2011.

Booth, M., 김경영 역, 『거의 완벽에 가까운 사람들 : 미친 듯이 웃긴 북유럽 탐방기』, 글항아리, 2018.

Hesse-Wartegg, E.V., 정현규 역, 『조선, 1894년 오스트리아인 헤세-바르텍의 여행기』, 책과 함께, 2012.

Hall, E., 최효선 역, 『문화를 넘어서』, 한길사. 2000.

C. Landry & C. Murray, 『Psychology & The City』, COMEDIA:UK, 2017.

Maffesoli, M., 박재환 역, 「일상생활의 사회학 : 인식론적 요소들」, 『일상생활의 사회학』, 한울아카데미, 1994, 44-65쪽.

_____, 박재환, 이상훈 역, 『현대를 생각한다 : 이미지와 스타일의 시대』, 문예출판사. 1997.

_____, 박정호, 신지은 역, 『부족의 시대 : 포스트모던 사회에서 개인주의의 쇠퇴』, 문학동네, 2017.

Melville, H., 이가형 역, 『백경(MobyDick)』, 동서문화사. 2016.

Weber, M., 박문재 역, 『프로테스탄트 윤리와 자본주의 정신』, 현대지성, 2018.

* [고전서지 古典書誌]

『태종실록』, 권11, 태종 6년 6월 6일(갑자).

『태종실록』, 권11, 태종 6년 6월 19일(정축).

『태종실록』, 권14, 태종 7년 7월 27일(무인).

『태종실록』, 권16, 태종 8년 10월 12일(병술).

『태종실록』, 권35, 태종 18년 3월 2일(임자).

『세종실록』, 권49, 세종 12년 8월 25일(계사).

『세종실록』, 권54, 세종 13년 11월 19일(경진).

『성종실록』, 권11, 성종 18년 3월 18일(무오).

『선조수정실록』, 권2, 선조 1년 12월 1일(을해).

『선조수정실록』, 권26, 선조 25년 3월 26일(병인).

『선조수정실록』, 권26, 선조 25년 4월 14일(계묘).

『선조실록』, 권168, 선조 36년 11월 22일(갑술).

『선조실록』, 권189, 선조 38년 7월 24일(병신).

『광해군일기』, 권26, 광해 2년 3월 6일(임오).

『광해군일기』, 권39, 광해군 3년 3월 18일(무오).

『광해군일기』, 권43, 광해 3년 7월 24일(신유).

『광해군일기』, 권50, 광해 4년 2월 6일(신미).

『광해군일기』, 권114, 광해 9년 4월 3일(정유).

『영조실록』. 권44, 영조 13년 7월 1일(정해).

『영조실록』, 권52, 영조 16년 12월 5일(신축).

『영조실록』, 권68, 영조 24년 윤7월 30일(임오).

『승정원일기』, 정조 1년 1월 10일(정축).

『승정원일기』, 정조 16년 11월 11일(경오).

남명(南冥) 조식, 『언행총록(言行總錄)』, 南冥別集 卷2, 한국고전종합 DB, 한국고전번역원.

농암(農巖) 김창협, 『농암집(農巖集)』, 제12권 잡지內篇2, 한국고전종합 DB, 한국고전번역원.

무민당(无悶堂) 박인, 『남명선생 언행총록(南冥先生言行總錄)』, 无悶堂先生文集卷之5, 한국고전종합 DB, 한국고전번역원.

산향(山響) 이최응, 김종학 역, 『을병일기(乙丙日記)』, 한국고전적국역총서 12, 국립중앙도서관, 2014, 8-9쪽.

성호(星湖) 이익, 『성호사설(星湖僿說)』, 1권 천지문(天地門), 3권 영남속(嶺南俗), 13권 인사문(人事門), 한국고전종합 DB.

입헌(立軒) 한운성, 『입헌집(立軒集)』, 韓國文集叢刊 124, 한국고전종합 DB, 한국고전번역원.

충무공(忠武公) 이순신, 『이충무공전서(李忠武公全書)』, 卷之三 狀啓二, 登聞擒倭所告倭情狀, 한국고전종합 DB, 한국고전번역원.

퇴계(退溪) 이황, 『퇴계선생문집(退溪先生文集)』, 한국고전종합 DB, 한국고전번역원.

환재(瓛齋) 박규수, 『환재집(瓛齋集)』, 卷4, 민충사중건기.

강한(江漢) 황경원, 『강한집(江漢集)』, 권9 기(記). 최치원 묘기, 한국고전종합 DB, 한국고전번역원.

* [신문기사]

강명관, 「동래상인 김성우」, 〈국제신문〉, 2019년 8월 21일자, 26면.

공미희, 「초량왜관과 데지마 비교해봤더니」, 〈국제신문〉, 2019년 6월 21일자, 17면.

김재현, 「오이소 보이소 느끼소」, 〈국제신문〉, 2020년 5월 28일자, 23면.

박종인, 「[155] 세상을 바꾼 서기 1543년 ⑧성리학과 난가쿠(蘭學) 上」, 〈조선일보〉, 2019년 3월 13일자, 24면.

_____, 「[158] 세상을 바꾼 서기 1543년 ⑨무본억말(務本抑末)과 조선 도공 上」, 〈조선일보〉, 2019년 4월 3일자, 34면.

박창희, 「부산사람 비밀코드 〈4〉 부산사람, 그들은 누구」, 〈국제신문〉, 2019년 4월 25일자, 6면.

신한균, 「법기요 부산요 궤적을 쫓다 1부–일본에서 찾은 조선 도자 ⑤세계 속의 법기 도자」, 〈부산일보〉, 2018년 12월 26일자, 16면.

_____, 「법기요 부산요 궤적을 쫓다 1부–일본에서 찾은 조선 도자 ⑦양산 법기사발의 모델은?」, 〈부산일보〉, 2019년 4월 2일자, 16면.

양홍숙, 「1547년 그해 부산에는 무슨 일이 일어났나?」, 〈국제신문〉, 2019년 6월 27일자, 19면.

임성원, 「임성원의 부산미학 산책 21, '기질미 거칠다, 그리하여 야성은 빛난다'」, 〈부산일보〉, 2016년 5월 22일자, 38면.

최학림, 「20세기 관통한 '근대 동래정신'」, 〈부산일보〉, 2020년 12월 12일자, 16면.

* [웹사이트]

네이버 지식백과, 〈경상좌도와 경상우도〉(신정일의 새로 쓰는 택리지 3: 경상도, 신정일)", https://terms.naver.com/entry.nhn?docId=1720940&cat

egoryId=43726&cid=43723

달뫼의 역사이야기 블로그, 〈인조반정 후의 산림 3인방〉, http://m.blog. naver.com/oneplusone21/100055382681

부산광역시 누리부산, https://www.visitbusan.net/index. do?menuCd=DOM_

부산역사문화대전, 〈차윤정, 거세고, 직설적인 부산말〉, http://busan. grandculture.net/Contents?local=busan&dataType=01&contents_ id=GC04219016

인물한국사. 〈조식〉, https://terms.naver.com/entry.nhn?docId=35738 86&cid=59015&categoryId=59015

인물한국사, 〈조식 [曺植] – '敬'과 '義'의 선비 정신을 실천한 칼을 찬 처사〉, https://terms.naver.com/entry.nhn?docId=3573886&cid=59015&ca tegoryId=59015

창작자를 위한 역사문화포털, 〈동래상인〉, https://www.culturecontent. com/content/contentView.do?search_div_id=CP_THE010&content_ id=cp061602170001

한국민족문화대백과사전, 한국학중앙연구원, 〈경상좌도〉, http:// encykorea.aks.ac.kr/Contents/Index?contents_id=E0017696

한국민족문화대백과. 한국학중앙연구원, 〈변박〉, https://terms.naver. com/entry.nhn?docId=2815754&cid=55778&categoryId=56200

_____, _____, 〈영남학파〉, https://terms.naver.com/entry.nhn?docId= 581924&cid=46649&categoryId=46649

_____, _____, 〈왜관〉, https://terms.naver.com/entry.nhn?docId=569 003&cid=46622&categor yId=46622

_____, _____, 〈정과정곡〉, https://encykorea.aks.ac.kr/Contents/Item/E0049943

_____, _____, 〈초량왜관〉, https://terms.naver.com/entry.nhn?docId=2818074&cid=55787&categoryId=56669

_____, _____, 〈최치원〉, https://terms.naver.com/list.nhn?cid=44621&categoryId=44621

한국천주교 주교회의 시복시성주교특별위원회, 〈복자 124위 시복시성〉, http://koreanmartyrs.or.kr/sbss124_list.php?page=13&orderSelect=&keyword=

한국향토문화전자대전, 〈독립운동[獨立運動]〉, https://terms.naver.com/entry.nhn?docId=2818329&cid=55772&categoryId=55810

"세상 모든 것에 감탄하는 지혜로운 사람들의 공간"
도서출판 호밀밭 homilbooks.com

부산정신·부산기질

사회학자 김형균이 바라본 부산사람 이야기

ⓒ 2021, 김형균 Kim, Hyeong Kyun

지은이	김형균
초판 1쇄	2021년 2월 20일
편 집	박정오, 임명선
디자인	서승연
마케팅	최문섭
종이	세종페이퍼
제작	영신사

펴낸이	장현정
펴낸곳	㈜호밀밭
등록	2008년 11월 12일(제338-2008-6호)
주소	부산 수영구 광안해변로 294번길 24 B1F 생각하는 바다
전화/팩스	070-7701-4675/0505-510-4675
전자우편	anri@homilbooks.com

Published in Korea by Homilbooks Publishing Co, Busan.
Registration No. 338-2008-6. First press export edition February, 2021.

Author Kim, Hyeong Kyun
ISBN 979-11-90971-20-1   03300

이 도서의 국립중앙도서관 출판예정도서목록(CIP)은 서지정보유통지원시스템 홈페이지(http://seoji.nl.go.kr)와 국가자료종합목록 구축시스템(http://kolis-net.nl.go.kr)에서 이용하실 수 있습니다. (CIP제어번호 : CIP2020054927)